JN102326

サステナビリティ
人材
育成の教科書

㈱日本総合研究所
村上 芽・加藤 彰・渡辺珠子
著

中央経済社

はじめに

　企業経営に，今，一番必要なものは何か。それが，「サステナビリティ人材」ではないかと考えています。SDGs（持続可能な開発目標）が広く知られるようになり，ESG（環境・社会・ガバナンス）投資家対応も一般的になりましたが，環境・格差・人権・教育など多様な課題を前に，サステナビリティを理解し，課題に取り組む推進者・遂行者，リーダーはまだまだ不足しているように感じます。精力的に取り組む企業では，サステナビリティを経営の優先課題として設定してはいますが，ではそれを推進していく人は足りているのかといえば，まだまだ遠いと言わざるをえません。

　外部環境をみれば，企業を取り巻く経済と社会が，従来型の株主資本主義経済からサステナビリティを重視した資本主義経済に向けて動いています。企業経営においても，サステナビリティ課題を取り巻くさまざまな動きを踏まえ，自社にとっての事業機会獲得やリスク回避に対し，先手を打っていくことがすでに必要な世の中になっています。このサステナビリティを重視する動きは，これまでになかった新しい動きというわけではありません。この動きを促す兆しは多様にありました。

　例えば，1994年にジョン・エルキントン氏が発表した概念「トリプル・ボトム・ライン」は，企業経営に経済・社会・環境の3つの面での利益創出を求めました。2006年から世界に広がったESG投資は，投資判断にあたり環境・社会・ガバナンスの側面の考慮を求めるものです。金融危機を受けた2012年の「ケイ・レビュー」は，株式市場の短期主義を指摘しました。2019年に米国の経営者団体が発表したステークホルダー資本主義への転換宣言は，企業活動の目的（パーパス）の実現を求めました。国内では2021年，コーポレートガバナンス・コードが再改訂され，サステナビリティを巡る課題への対応が重要な経営課題であると述べ，企業に検討を深めることを促しています。

　これまでの世界では，こうした主張はすぐに経済・社会の主流になるまでには至りませんでした。しかし，新型コロナウイルス感染症のパンデミックを経験し，気候変動の影響を受けた甚大な自然災害に毎年遭遇するようになった今日，この流れを無視する企業は生き残ることはできない恐れがあります。むし

ろ，これまでと同じような資本主義経済がいつまでも続くと考えること自体，リスクになると考えたほうがよいのかもしれません。2022年のロシアによるウクライナへの侵攻は，「これまでと同じと考えてはいけない」ことをさらに強く示し，西側諸国による経済制裁とビジネス撤退は，「どこで誰と，何のために商売をするのか」という問いを投げかけています。

　会計や情報開示の側面では，企業会計の在り方を定める国際会計基準審議会がサステナビリティ基準の作成に着手しました。会計基準の分野では，当面の目的は気候変動分野において企業の情報開示が統一され，その評価基準の透明性が向上することだといえそうですが，変化の波が気候変動だけにあると考えるのでは，企業経営のリスク評価の観点からは不十分です。人権に関し，サプライチェーンの最上流で起こっている人権問題への責任が広く問われ，日本企業の関心もようやく高まってきています。

　人材獲得の市場的な側面では，2017～2018年頃の働き方改革ブーム後，健康，多様性，Z世代，兼業・副業，組織の運営形態[1]，リモートワークなど，これまでの常識を覆すような，働き手を尊重する変化が起こり，大きなうねりになっています。

　こうした企業を巡るさまざまな環境変化，社会からの要請の変化に対し，新たなルールが明確になってから順次対応していくのも1つの方策です。しかし，自発的に動きはじめ，組織の人的資本全体を，社会のサステナビリティを重視した方向に変化させる努力が広がってもよいと考えます。

　筆者らは，ESGやSDGsに関する企業調査，講演やワークショップ，企業や自治体など組織との対話に取り組んでいます。それらの体験を通じて得たのが，「ビジネスパーソンこそ，学び，変わるべき」と，「サステナビリティを属人的にはできない」という実感です。

　本書では，第1章で，サステナビリティ（持続可能性）を巡る7つのテーマを取り上げます。この7つは，ビジネスパーソンが知っておきたい「7科目」だとも言い換えられます。いずれも，政府や国際機関，NGO，先進企業，研究機関などによる動きの激しいテーマですが，7科目のすべてにおいて，課題の成り立ちを「サステナビリティ現代史」という感覚で丁寧に押さえておくことで，「ぶれない教養」として役に立ててほしいと考えています。また，SDGs（持続可能な開発目標）が17のゴールから成るように，互いに関わり合う課題への理解を進めるのが第1章です。

　続いて第2章では，サステナビリティにともに取り組んでいく仲間をどのように増やしていくのか，そのために必要な学びについて視点を広げていきます。

　というのは，サステナビリティを巡る課題の中で最も注目度が高いといってもよい，気候変動の進展を抑えるための脱炭素に企業がどう向き合うかという現実を通じ，この問題の大きさ，根深さが改めてわかってきています。

　コーポレートガバナンス・コードの改訂により，東証のプライム市場上場企業にTCFDを参照した情報開示が必要となりました。TCFDがコーポレートガバナンス・コードに取り入れられたことにより，企業が，経営課題として気候変動に取り組まなくてはならない国内制度上の仕組みができたわけです。ここで起こったことは，課題に直面して短期的に答えを出したい（レポートにまとめたい）企業からのコンサルティング会社への相談の急増でした。

　確かに，TCFDは2015年に創設された比較的新しい枠組みであり，理解するのが簡単なものではなかったかもしれません。けれども，TCFDを，情報開示すれば事足りる1つの事象・ブームにすぎないと捉えてコンサルティング会社に頼ることで，問題の根に向き合えるでしょうか。

　しかも，経営コンサルタントや，さらにカーボンクレジット等に関する「専門家」の世界も，波が急に大きくなりすぎて対応が十分にできているとはいえません。

　企業内で気候変動に本気で取り組んできた部署やチームでは，やるべきことの大きさ，複雑さ，絶対的な仕事の量の多さで疲弊したケースもあるでしょう。

　サステナビリティは，企業経営に留まらず，人間の歴史，民主主義や資本主義とも関係の大きなテーマです。大きくて複雑な課題に対し，日本では誰が，どのようにその実行を担っていくのかを考えると，サステナブルな社会に向けた変革は，一握りの巨大企業経営者や政治家のみによって成し遂げられるものではないことにも気がつきます。民主主義を維持する以上，私たち1人ひとりが，多様な考えや価値観を意識して，変革の担い手となり，それを支えるような選択を重ねていくことが必要です。また，担い手は1人でも多いほうがよいです。

　このような中，人口減少で市場が縮み，生産性も伸びない，イノベーションも起きにくいといった状態にある日本企業で，社会人・リーダー世代が何をすればよいのか，その手がかりを検討する必要があります。

　そこで，第2章では，サステナビリティへの取り組みを牽引する部署が，ま

ず，どのように社内外で一緒に取り組める仲間を増やしていくのか，サステナビリティに関する課題解決の担い手を「サステナビリティ人材」と呼び，そのような人材を発掘・育成していくために何が必要かを考えていきたいのです。

　続いて第3章では，具体的にサステナビリティを学ぶ，「学び合い」の場づくりを提案します。サステナビリティへの好奇心を沸き起こすための手がかりとして，さまざまな立場の人たちによるダイアログや，座学に留まらないワークショップの具体策を示します。サステナビリティへの学びは1人で達成していくものではなく，この第3章を通じて，システムや組織が行動する力をテコとして，組織知にしていくための実践のヒントを得ていただければ幸いです。

　最後に第4章では，B to Bの製造業を舞台に，どのようにプログラムを設計し，実践していくのか，企業の担当者からの相談に筆者らが考えながら答えてきたところをストーリーで紹介します。仮にサステナビリティ人材を育成するための社内研修を外部のコンサルティング会社に発注するとしても，自分たちはどういうゴールを目指し，研修の効果として何を得たいのかを明確にしておくことが大切です。ただ資料が何もないとゴールや研修効果をどう考えていいのか悩む，という企業の担当者も多くおられますので，第4章では実際に実施したプログラムや，そこで使った資料なども提示しています。もちろん，企業の置かれた状態によって，それぞれの企業に合った研修方法があると思いますので，できるだけ応用可能な事例を盛り込みました。

　本書を通じ，「サステナビリティを学び，取り組むことは面白い」という筆者らの感覚をお伝えすることを目標としています。読んでいただけたら，ぜひ実践の第一歩を踏み出し，あなたの感覚も教えてください。

●注

1　例えば，ラルーが著書で示したのは，上下関係がなく個々が意思決定する組織への変化である（フレデリック・ラルー著，鈴木立哉訳［2018］『ティール組織』英治出版）。

目　次

第3章 ┃ 学び合い編　サステナビリティ人材の育成プログラム *89*

基礎編
サステナビリティで押さえておきたい7テーマ

本書のポイント

　第1章では，サステナビリティについてビジネスパーソンが知っておきたいテーマを7つ取り上げ，「教養科目」としてその成り立ちを把握します。いずれもステークホルダー（利害関係者。特に，政府，自治体，従業員，投資家など）からの関心が高いテーマを選びました。各テーマの「現代史」を丁寧に理解しておくことで，今後，さまざまな新しい法規制やイニシアティブが生まれても，そのたびに慌てずに応答（レスポンス）できることを目指します。

1　ESG投資とインパクト投資

　企業経営にモノ言う投資家といえば，少し前までは，資本収益率は低いのに現金をため込んでいるような企業に対してその配当を求めるなど，金銭的リターンの最大化を目指して行動する株主のことを指すことがほとんどでした。最近ではそれに加え，株主総会のシーズンごとに大きな話題になるのは，環境や社会面に関する株主提案とそれへの賛同状況です。気候変動への取り組みや，取締役会における多様性（日本企業の場合は，女性の有無や人数）が主なテーマとなっており，ESG投資家の動向がメディアを賑わすこともあります。

　国内の52機関におけるESG投資残高（2021年3月）は約514兆円を超し，総運用資産残高に占める割合は61.5％となりました[1]。2016年以降，日本のESG投資市場は世界で最も成長率が高いといわれてきましたが，国内において，ESG投資の主流化が一段と進んだといってよい水準でしょう。主流化の進展とともに，ESGをどう定義・管理・監督・規制するかといった新たなステージに

入っています。

　そこで，本節ではまずESG投資とインパクト投資の歴史を振り返り，現在につなげていきます。

(1)　ESG投資の現代史

　ESGという言葉が公に使われるようになったのは2005年のことです。UNEP FI（国連環境計画金融イニシアティブ）の年次総会資料でみると，2005年に初めてその言葉が登場します[2]。

　例えば，次のような表現があります。

> *There is a growing coalition of institutional investors, asset managers and analysts driving mainstream integration of ESG issues in portfolio investment.*（機関投資家や運用機関，アナリストらによる，ポートフォリオ投資におけるESGイシューの統合に向けた動きが活発化している。）

　ESGイシューが何かについては細かく記載されていませんが，資産運用にESGをどのように統合するか，という点については，UNEP FI内の資産運用ワーキンググループの活動計画としても複数回登場します。

> *In 2004/2005, UNEP FI and the Global Compact, with financial support from Caisse des Depot and ABN AMRO, initiated a programme to engage the top of the investment chain – mainly pension funds, foundations and insurance companies – on ESG issues.*（2004～2005年にかけて，UNEP FIとグローバル・コンパクトは，インベストメント・チェーンの最上流機関（年金基金，財団および保険会社等）にESGイシューへの責任を持たせるためのプログラムを開始した。フランスのCaisse des Depot（預金供託金庫）とオランダのABN AMRO銀行がこの活動を金銭的に支援している。）

　ここでいうプログラムとは，2005年に当時の国連事務総長だった故コフィ・アナン氏が世界の主要年金基金らに呼びかけ，2006年に正式に立ち上がったPRI（Principles for Responsible Investment：責任投資原則）のことを指します。PRIの立ち上げ前夜であったことがわかります。

　この2つが，その後拡大するESG投資の最初の"笛の音"のようなものです。加えて，次のような記述もありました。「若い人ほどサステナビリティに関心がある」とは現在でもよくいわれることですが，2005年当時でも同じだったのかもしれません。

　　The result of a successful partnership between World Business Council for Sustainable Development（WBCSD）and UNEP FI, this report, published in June 2005, explores whether young analysts have an appetite for integrating ESG issues in their daily work.（持続可能な開発のための世界経済人会議（WBCSD）とUNEP FIは，2005年6月に共同レポートを発表した。若いアナリストは，日々の仕事のなかでESGイシューを統合させたいという意欲があることを示している。）

　2005年は，ESG投資を推進したい立場からすれば，必要不可欠ともいえる報告書が作られた年でもあります。それは，ESGイシューを考慮した資産運用を行うことが，受益者（年金ならば受給者）の利益を守るべき受託者責任に反しない，という法的解釈でした。執筆したのは，英国の大手法律事務所，Freshfields Bruckhaus Deringerです。

　「受託者責任」とは，fiduciary dutyの和訳です。一般には，「他者の信任を受けて裁量権を行使する者が負う責任と義務」をいい，企業年金では，「管理運営にかかわる者（受託者）がその任務の遂行上，当然果たすべきものとされている責任と義務」のことを指します[3]。銀行や証券会社などでも使われます。

　受託者責任のなかに含まれる義務のうち，「忠実義務」と「善管注意義務」が特に重要とされますが，この「忠実義務」が，受益者（年金加入者など）の利益のためだけに職務を遂行することを意味します。この解釈が重要で，上述の報告書が出る前には，「環境や社会側面の問題について余計な調査コストを払うのは無駄である」，「環境や社会側面を考慮した投資先選別によって収益機会を逃すのは不利益である」といった議論がむしろ支配的だったのです。

　なお，2005年以前の世界でESG投資と似たところがあったのはSRI（Socially Responsible Investment：社会的責任投資）です。SRIでも，環境問題や社会問題に対する企業の考え方や取り組みについて評価が行われていました。SRIには，1920-30年代まで遡る歴史があるのですが，教会による倫理的スクリーニング（武器やタバコ，ギャンブル，酒類業の排除など）や，ベトナム戦争や

アパルトヘイトなどに関する消費者による不買運動と近い性格もありました。

1990年前後から，欧米各国で，環境・社会に関する企業行動を調査・評価の対象とした専門的調査機関が誕生します。ネガティブな側面だけではなく，ポジティブな側面のある企業を高く評価しようという考え方も広がりました。こうした機関の世界でも，市場の成長とともに企業買収等が活発に行われ，現在の主なESG評価機関の流れを作っています。

ESGと受託者責任を巡る解釈としては，その後，2015年の報告書では，「財務的に重要なESG要素を考慮しないことは，受託者責任に反している」という，一段と強い表現に変化しました。

これらの点は，「ESG投資」の特徴を理解するうえで非常に重要です。ESG投資は，もともと，財務的なリターンを損なわないことを前提とした概念として登場したのです。ESG投資市場を牽引したのは巨大な年金基金ですが，年金基金は，加入者から預かった資産を運用し，年金として返していかなければなりません。30〜50年にわたって運用し，時期や資産種類によって収益率に凹凸が出たとしても，最終的にはきちんと給付しなければならないのです。細かい収益率のことは別として，概念としてリターンを損なうかもしれない考え方を大きく導入するわけにはいきません。

興味深い例としては，米国のERISA（エリサ）法（従業員退職所得保障法のこと。米国の企業年金受給者の権利の保護を目的とする）における解釈の変化が挙げられます。受託者責任をどう見るかについて，「ESG投資を認めない→認める（2015年）→認めない（2020年）→認める（2021年)」と変遷しています。2020年はトランプ政権，2021年はバイデン政権の影響を受けており，今後も，市場の行方を見るうえで1つのポイントになるでしょう。

2021年にGSIA（世界各地域のサステナブル投資団体の集まり）が発表した，2020年時点での調査結果によると，サステナブル投資の規模は世界で35兆3,000億ドルに達し，これがESG投資の規模とされます。これだけ大きくなっている市場においては，個々の市場参加者はさまざまな投資哲学や方法論を持ちます。GSIAでも，サステナブル投資の手法を図表1－1にある7つに分類しています。

1つひとつをみると，相当異なる方法で投資先企業を選んでいても，同じようにESG投資家（あるいはサステナブル投資家）に該当することがわかります。共通要素として，ESGだからといって（特に中長期的にみた）収益性が犠牲に

なることはないという点から始まっていることを押さえておきましょう。

| 図表1－1 | サステナブル投資の分類 |

手　法	概　要	市場規模※
ESGインテグレーション ESG integration	投資マネジャーが組織的かつ明確に，ESG要素を財務分析に取り入れること	25,195
ネガティブスクリーニング Negative/exclusionary screening	規範や価値観に基づく除外リストに基づく特定セクターや企業の除外（武器，タバコ，動物実験，人権侵害，腐敗など）	15,030
エンゲージメントならびに議決権行使 Corporate engagement and shareholder action	経営層との直接対話，株主提案，議決権行使などを含む株主行動	10,504
国際規範に基づくスクリーニング Norms-based screening	国連・ILO・OECDや一部の国際NGOによる国際規範に基づく最低水準を満たさない企業を除外	4,140
サステナビリティテーマ型投資 Sustainability themed investing	環境・社会分野の課題解決に資するテーマに特化（持続可能な農業，グリーンビルディング，脱炭素ポートフォリオ，ジェンダー平等，多様性など）	1,948
ポジティブ／ベストインクラス・スクリーニング Positive/best-in-class screening	同セクター内において相対的に優れたESGパフォーマンスの企業を選定	1,384
インパクト投資／コミュニティ投資 Impact/community investing	インパクト投資：社会・環境面のポジティブな影響を獲得する投資で，影響について計測・報告すること，投資家による意思を示すこと，投資家による貢献を示すことを条件とする コミュニティ投資：インパクト投資よりも幅広い手法による，十分なサービスを受けていない層への投資	352

※は2020年，単位：10億ドル
出所：GSIA2020[4]に基づき筆者作成。

(2)　インパクト投資の現代史

　他方，インパクト投資はというと，「社会的」という冠を付けた「社会的イ

ンパクト投資」（Social Impact Investment）という言葉を最初に用いたのは，2007年のロックフェラー財団だとされます。

　さらに社会的インパクト投資の源流に遡ると，1968年，米国ではフォード財団が財団組織を使った投融資の取り組み支援を導入したこと，同年，欧州ではオランダのトリオドス銀行の前身となる勉強会が誕生したことだとされます。

　欧州では，トリオドス銀行のように，預金者からお金を預かる段階で，融資先を環境・社会分野に特定するタイプの銀行や，協同組合をルーツにする銀行が複数誕生しました。さらに，英国や米国で，低所得地域向けのコミュニティ開発や，社会的投資を後押しする政策が強化されていきます。米国ではコミュニティ開発金融機関が登場し，特に低所得者用の住宅供給を担いました。法律に基づいて大手銀行も一定割合の資金供給をすることが義務付けられた[5]ため，日本の銀行も米国大手現地法人ではこれを遵守しています。

　環境・社会分野に特化した金融機関は，規模が小さくとも，事業と経済性をどう両立させるか，という点などについて実績を積んでいきます。もちろん，中には融資審査において環境面での貢献を重視しすぎて財務的な審査が甘かったことを理由につぶれてしまった機関もありますが，成長できた機関にあっては，2008〜2009年の金融危機下においても，堅実な成長を続けたことで知られています。

　こうした流れの中で，2013年，先進国首脳会議（当時はG8サミット）にて，「社会的インパクト投資フォーラム」が開催されました。主催したのは，英国の当時のキャメロン首相です。社会的インパクト投資を，社会問題の解決や経済成長に有効な手段として提唱したのです。主な検討内容には，社会的インパクト投資経済の可能性，社会的インパクト投資の途上国開発への導入，社会的インパクト投資のグローバル市場におけるクロスボーダー投資の促進が含まれていました。

　この時の大きな特徴は，「途上国開発のための手段」としての意識の強さです。先進国内というよりも，途上国における貧困や衛生，栄養，教育，雇用などの解決に取り組む団体と，そこに向けた投資（資金の出し手は先進国の投資家であることがほとんど）が事例の多くを占めていたといってもよいでしょう。

　そして，Global Social Impact Investment Steering Group（GSG）が創設され，日本の国内諮問委員会も2014年に作られました。GSG国内諮問委員会によるインパクト投資の定義は，「財務的リターンと並行して，ポジティブで測定

可能な社会的及び環境的インパクトを同時に生み出すことを意図する投資行動」となっています。

　投資家の顔ぶれとして大きな特徴は，個人投資家では超富裕層，機関投資家では財団やファミリーオフィスなど，やはり富裕層の資金をバックとした機関が目立ったことです。UBS（スイス），ゴールドマンサックス（米国），モルガンスタンレー（米国）などが次々と専門商品・サービスを手がけはじめますが，社会貢献の意欲の高い富裕層が顧客として意識されていました。

　投資対象は，非営利団体，社会的企業，営利企業のすべてが含まれました。社会的企業は利益の最大化を追求せず，営利企業はそれを追求する企業を指します。同時に収益目標は，比較可能な類似対象への投資と比べ，平均的な利回りと同じか，それより低くてもゼロを上回れば可能とされました。

　インパクト投資の市場規模は，2011年にロックフェラー財団とJPモルガンにより報告書が作成されたのが最初で，その後，GIIN（Global Impact Investing Network：ジーンと発音）という非営利組織が受け継いで年次報告書を作成しています。GIINはインパクト投資に必要なインパクト評価や指標に関しても，世界のリーダー的存在となっています。2020年版報告書によると世界の市場規模は7,150億ドルに成長しました。

　インパクト投資の特徴は，インパクト創出に対する投資家自身の「意図」の有無を，その定義に含めることです。「儲かりそうだから投資した案件がたまたま再生可能エネルギーだった」という投資は，結果としてはCO_2削減効果のある投資にはなりますが，インパクト投資には分類されないのです。また，ESG投資との比較では，非上場市場を起点として成長してきており，資産の流動性（換金しやすさ）は低めでも構わないと考える投資家を中心としてきたといえます。

　(1)で取り上げたGSIAは，サステナブル投資の一手法として「インパクト投資とコミュニティ投資」という分類を設けています。過去にはこの定義を，「主に非上場市場において，社会的または環境的課題解決を目的とした投資。伝統的に十分なサービスを受けていない個人や地域のために仕向けられるコミュニティ投資や，社会的または環境的な目的を明確にする企業向けの資金」としていました。現在では，GSIAのインパクト投資の定義はGSGのそれと近く，「社会・環境面のポジティブな影響を獲得する投資で，影響について計測・報告すること，投資家による意思を示すこと，投資家による貢献を示すことを

条件とする」としています。また，インパクト投資よりもコミュニティ投資の
ほうがより広い概念と手法を含むとされています。

　ESG投資の場合，巨大な年金基金の発言力が大きくても，最終的な資金の出
し手である年金加入者の声が直接投資行動に現れるわけではありません。比較
をするならば，インパクト投資のほうが，投資家自身と投資先の距離がより近
いともいえるでしょう。

⑶　ESG投資とインパクト投資の合流の動き

　現在の動向からは，ESG投資とインパクト投資が合流しようとする動きが見
えてきます。合流，というよりも，ESG投資にインパクト投資が影響を及ぼし
ているといってもよいかもしれません。

　1つ目に，⑴でも述べた法的フレームワークに関して，インパクトについて
も取り組みが始まりました。PRIとUNEP FI，ジェネレーション財団（米国）
が，投資家がインパクトを検討することについての法的意義の検討を，ESGの
際と同じ法律事務所に依頼し，2021年7月に報告書がまとまっています。

　報告書では，歯切れよく「法的意義がある」という結論には至りませんでし
た。しかし今後，機関投資家が投資先の行動のインパクト評価を行うことを促
進させるための政策選択肢を提示し，インパクトの統合のための法的な環境整
備を促しています。

　2つ目に，日本で2021年11月に発表された「インパクト志向金融宣言」が注
目に値します。これは，国内の大手銀行，生命保険会社，地方銀行，ベンチャー
キャピタル（VC）を含む民間金融機関ら21社がインパクト金融の推進を宣言
したものです。インパクト投資にあたって重視される「経営による志向」の重
要性を理解すること，インパクトの測定と管理（Impact Measurement and
Management）を伴う投融資活動を行うことを中核としています。

　この宣言で注目すべきは，顔ぶれの混ざり具合でした。この時まで日本では，
大まかにいうと資産規模の大きい「ESG投資」のグループ（大手金融機関な
ど）と，規模は小さくとも具体的な環境・社会課題の近くにいようとする「イ
ンパクト投資」のグループ（財団，特定テーマのVC，社会的投資企業など）
に分かれていました。

　そこに，ESG投資のグループがインパクト投資に近づくような形が出てきま

した。例えば，運用資産におけるインパクト評価対象の拡大や，さまざまな環境・社会課題を理解するための専門チームの立ち上げなど，規模の大きな機関による新たな取り組みが広がっています。今後，多様な機関が連携していくこともさらに増えていくと考えられます。

　そして3つ目として，G7発のインパクトタスクフォースがインパクトに関するレポーティング（情報開示）を義務とすべきだという提案を2021年に行ったことがあります[6]。企業価値に加え，外部に対する価値を開示すべき，という主張です。

(4)　TCFD提言，ISSBの設立の動き

　ESG投資の主流化とともに，投資判断の基礎となるESG情報の開示について，枠組みを共通化しようとする動きが加速しています。上場企業に対し，どのような開示が必要かという方法や項目を示す取り組みは，世界中に400程度もあったといわれます。それを，会計基準がある程度統一されているのと同様に，共通化しようということです。共通化されれば，企業間の比較を国際的に行いやすくなるという効果が期待できます。

　2022年10月時点で，気候変動に関する情報開示に限れば，TCFD提言がスタンダードになったといえます。ただし，TCFD提言はあくまでも気候情報の開示に関する内容の充実を求めています。

　ESG全般についてみると，最も有力視されている機関は，財務情報の国際会計基準（International Financial Reporting Standards：IFRS）を策定した実績のあるIFRS財団が設置した国際サステナビリティ基準審議会（International Sustainability Standard Board：ISSB）です。ISSBの設立発表は2021年11月，COP26（気候変動枠組条約第26回締約国会議）の開催に合わせて行われましたが，設立と同時にプロトタイプ（基準の原案）も示されました。

　基準の全体像は，全体的な概要・説明，①テーマ別，②業種別の開示要請事項で構成されます[7]。①のテーマ別については気候変動から着手され，TCFD提言の枠組みをもととしています。また，②の業種については，SASBという米国を中心に業種別のESG情報開示を推進していた団体の方法を受け継ぐこととしています。多くの有力なESG情報開示関連団体がISSBとの連携や統合を発表しており，名実ともにデファクトになるとみられます。

⑸ ESG投資に対する規制

　ESG投資の規模は世界的に拡大し，2020年版の調査（p. 4 参照）では世界全体で35兆3,000億ドルに達しました（2018年比較15％増）。ただし，地域別にみると欧州のみ，2年前比較で13％減少と，残高を減らす結果となりました。これは，欧州のタクソノミや，サステナビリティ開示基準の厳格化によって，ESGと分類されていた資産が対象から外れたことが影響しているとされます。つまり，ラベルの貼り方に関するルールが変わったわけです。

　ルールが厳しくなる背景には，「グリーンウォッシュ」と批判されるような，見せかけのESGをなくしていこうとする考えがあります。欧州は，グリーン分野での投資拡大による成長を掲げていることで有名ですが，なんでもよいから投資を増やすということではない，ということなのです。金融機関向けのESG情報開示の規制は「サステナブルファイナンス開示規則（SFDR）」といい，運用機関であれば，会社全体と，金融商品単位でのESGの考慮の状況を開示する必要があります。

　米国でも，2022年に初めて，証券取引委員会（SEC）により，投資先企業のESGに関する情報開示不備を理由として，民間資産運用会社に制裁金150万ドルが科されるという処分がなされました。

　これらの動きからすると，先に述べたような企業全体（上場企業）に対するESG情報開示の統一化とともに，特にESG投資や格付に特化した情報開示等の公式ルール化（規制強化）は今後強まると見込まれます。

　“公式ルール化”と書いたのは，ESG投資業界においては，例えばグリーンボンド原則を民間の4金融機関が中心となって国際資本市場協会で自主的に策定したように，一定の自浄作用を事前に組み入れることで成長を促してきた経緯があるためです。

　“業界ルール”に合致しているかどうかについても第三者による外部レビューを入れ，それを公表することを原則として市場は成長してきたと考えられます。実際，過去には「このレビューは妥当なのか」ということが議論になり，外部レビュー機関に対する論争が起きたことをきっかけとして，新たな取り組みが進んだこともあります。

　例えば，紛争地域における太陽光発電事業はグリーンといえるのか，あるいは，石油などのブラウンな業種における設備の省エネ化をグリーンといえるの

か，といった論点です。こうした論点を経て，「グリーンか，否か」ではなく段階的なグリーンという理解が進んだり，最近増加しているトランジション（移行）ボンド等の考え方にもつながったといえます。サステナビリティ関連分野で規制が行われることが早いことの多い欧州の場合でも，グリーンボンド原則や，NGOの気候ボンドイニシアティブ（Climate Bond Initiative）による自主基準やラベリングの取り組みを経て市場が成長し，後から「欧州グリーンボンド」という規制のカテゴリが生まれました。

　企業において，ESG投資家との付き合いの重要性は，当面，小さくなることはないでしょう。ESG投資家といっても投資手法や考え方には幅があり，こうした経緯があることを理解しておけば，コミュニケーションの深耕に役に立つと考えられます。

知っておきたい ▶ より詳しくは巻末の資料集へ ……………………………………

世界
- どのような顔ぶれがESG投資家か？
  ☞ 責任投資原則　https://www.unpri.org　署名している投資家の数や資産残高，顔ぶれがわかる。
- 国連と金融の動きは？
  ☞ 国連環境計画金融イニシアティブ　https://www.unepfi.org　国連と民間の共同イニシアティブ。
- 情報開示はどうなっていくのか？
  ☞ ISSB　https://www.ifrs.org/groups/international-sustainability-standards-board/　情報開示のハブ。

日本
- サステナビリティ基準委員会（SSBJ）https://www.asb.or.jp/jp/fasf-asbj/list-ssbj_2.html　国内の情報開示の今後のハブ。

2 | 気候変動

(1) 気候関連のリスクと機会

　世界全体の高齢化と，気候変動（温暖化）の進展は一部の国や地域，産業の動きだけでは抵抗できないほど大きな21世紀のメガトレンドだといえます。

　コーポレートガバナンス・コードの改訂により，プライム市場ならばTCFD（気候関連財務情報開示タスクフォース）提言への対応が求められるようになったこともあり，気候変動への対応は，企業が経営上，取り組むべき課題になったといえます。気候関連のリスクと機会，または気候変動リスクと機会と呼ばれることもありますが，同じと考えてよいです。

　気候関連のリスクは，気候変動が進展することによる気象などの物理的な変化に伴う物理リスクと，脱炭素経済・社会に転換するためのさまざまな制度構築や技術進化・市場変化に伴う移行リスクに大別されます。それぞれに，リスクがあれば裏返しの機会もあることから，「リスクと機会」のようにセットで使われます。

　TCFD提言では，気候関連のリスクと機会に対する，企業としての①ガバナンス，②戦略，③リスク管理，④指標と目標について開示すべき情報を推奨しています。この４つは，3で解説する自然資本の情報開示でも活用される枠組みとなっています。

　現在では，当たり前のように気候変動と経営との紐付けができるようになったように思えますが，ここに至るまでには長い時間がかかりました。本節では，気候変動が企業の経営リスクとして認識されるまでの歴史を振り返ります。

(2) 気候変動の現代史

① 地球サミットから京都議定書

1992年	気候変動枠組条約採択（ブラジルで開催された地球サミットにて），1994年発効
1997年	京都議定書採択（気候変動枠組条約第3回締約国会議にて）
1998年	地球温暖化対策推進法（温対法）公布

　気候変動や地球温暖化という言葉が条約や法律に登場し，国際動向の情報収集に積極的な企業が課題の所在を知りはじめたのがこの頃です。1992年の地球サミットでは，日系カナダ人のセヴァン・スズキ氏（当時12歳）がスピーチで「直し方を知らないものをこれ以上壊すのはやめてください」と述べたことが注目されました。このサミットで，気候変動枠組条約と生物多様性条約の2つの条約が採択されました。この2つのテーマは，局地的に発生して加害者・被害者がはっきりしている性格のある「公害」とは異なり，エネルギー消費や資源・土地の開発といった人間活動の膨張によるもので，加害者・被害者がはっきりしないものです。そのため，特定の政府が規制すれば済むことではなく，世界規模の取り組みを要するテーマです。

　このような世界規模の環境問題とそれへの取り組みについては，オゾン層破壊物質であるフロンガスの排出削減が先行しています（1987年のモントリオール議定書）。時間はかかったものの，科学技術を用いた環境問題への理解が政治を動かした例は存在していたわけです。

　京都議定書では，先進国については法的拘束力のある数値目標が設定されました。1990年を基準年とし，2008～2012年を目標達成期間として，日本は▲6％，先進国全体で▲5.2％とするものでした。

　企業経営においては，1970年代の石油ショック以降，省エネルギーや太陽光への関心はある程度ありましたが，気候変動という地球規模の文脈で具体的なビジネスとの関連性を見出した企業は限られていました。ODA（政府開発援助）や世界銀行などと関わりのあるような企業，すなわち，総合商社や大手金融機関，プラント会社などです。

②　カーボンクレジットが新たな資産クラスになる

2000年　CDP（Carbon Disclosure Project）発足[8]
2005年　京都議定書発効
2006年　英国の経済学者スターン卿が「気候変動の経済学」（スターンレビュー）
　　　　を発表
2007年　IPCC（気候変動に関する政府間パネル）がノーベル平和賞を受賞

　21世紀に入り，まず，世界的な超大企業から，経営と気候変動の距離が縮まっていきました。2000年に発足したCDPは非営利団体ですが，投資家を集

めて上場企業に気候変動情報開示を求めるという活動を始めました。創設時の
メンバーは，「企業に手紙を送るだけ」という非常に安いコストで温暖化対策
を進められると話していました。

　京都議定書の発効が近づくと，カーボンクレジットという新たな資産を生み
出す「京都メカニズム[9]」を活用したビジネスが生まれはじめます。途上国な
どでカーボンクレジットを創出する事業や，それらへの資金提供（ファンドな
ど）です。Climate Change Capitalという名前の投資会社が生まれたり，カー
ボンクレジットのための会計上・税務上の取扱いについて研究が進んだりした
のもこの頃です。

　2006年に発表された「気候変動の経済学」という報告書[10]では，気候変動
による経済的影響額を示し，放置すると二度の世界大戦並みの損失の可能性が
あることを明らかにしました。同時に，本格的な対策を早くすれば小さいコス
トで影響を抑えられることも示しました。

　2007年には，IPCC（気候変動に関する政府間パネル）がノーベル平和賞を
受賞しました。IPCCは，1988年に国連環境計画と世界気象機関により設立さ
れた組織で，世界の科学者の論文や観測・予測データを取りまとめて定期的に
報告を行っています。国際的な対策に科学的根拠を与える文書を作る立場です。

　日本では，2005〜2009年まで，「チーム・マイナス6％」というキャンペー
ンが行われたり，「クールビズ」が2005年の流行語大賞（トップテン）[11]に選
ばれたりしました。これらはどちらかというと，社会貢献活動として捉えられ
がちでしたが，ビジネスの面ではカーボンクレジット市場が誕生します。

　EUで2005年にEU-ETS（欧州連合域内排出量取引制度）が導入され，温室
効果ガスの排出枠や削減量といった，これまでなかった新たな資産が「カーボ
ンクレジット」という形で生まれ，取引されるようになりました。

③　リーマンショックによる停滞

2008年	リーマンショックをきっかけに金融危機が広がる
2011年	東日本大震災，福島第一原発事故。日本で再エネの固定価格買取制度が始まる

　ところが，金融危機により，盛り上がったようにみえたカーボンビジネスが
しぼんでしまいました。経済が急激に縮小したため，世界全体のエネルギー起

源のCO_2排出量も，2009年は前年比約1.4％減少したのです。これは，2020年の新型コロナウイルス感染症の感染拡大による下げ幅と比べてわずかなものですが，それまでは増える一方だったこともあり，排出量の急減は，カーボンクレジット価格の急落にもつながり，誕生して間もなく基盤も脆弱だった政策市場はつぶれたかのようにみえました。「温暖化対策どころではない」といった空気が，世界を支配していたといえます。

　一方で，東日本大震災後，ドイツでは脱原発政策が選択され，欧州では再生可能エネルギーの導入が拡大しました。日本でも，再生可能エネルギーで発電された電気の固定価格買取制度が始まり，長らく停滞していた太陽光発電をはじめとする再エネ発電市場に，急に多くのプレイヤーが参入しました。

④　パリ協定のスピード発効と1.5℃目標

> 2015年　パリ協定採択（気候変動枠組条約第21回締約国会議にて），TCFD（気候関連財務情報開示タスクフォース）発足
> 2016年　パリ協定発効（米国と中国が批准）
> 2018年　IPCC「1.5℃特別報告書」を発表

　数年間の交渉停滞を経て，2015年はCOP21でパリ協定が採択され，同時にTCFDの発足が発表された重要な年となりました。パリ協定では，初めて先進国・途上国ともに削減目標を設定して報告していく仕組みが作られました。京都議定書の時には先進国のみ数値目標を議定書上に定めましたが，パリ協定では目標は国別に独自に設けられ（国が決定する貢献，NDC），そのモニタリングを国際的に行っていくこととなったのです。

　オバマ大統領政権下の米国と中国が早期に批准したことから，パリ協定は翌年というスピード発効が実現しました。

　さて，パリ協定はその第2条で，世界共通の目標として，世界全体の平均気温の上昇を工業化以前よりも「摂氏2度高い水準を十分に下回るものに抑える」ならびに「摂氏1.5度高い水準までのものに制限する」ことを明記しています。また，第4条で，「今世紀後半に温室効果ガスの人為的な発生源による排出量と吸収源による除去量との間の均衡を達成するために…（中略）…利用可能な最良の科学に基づいて迅速な削減に取り組むことを目的とする」とあります。21世紀後半には，カーボンニュートラルを達成するといっているわけで

す。「科学に基づいて」というのも重要な表現です。

　パリ協定の策定・発効の頃は，「2℃目標」というレベルがよく参照されていました。しかし，2018年にIPCCが特別報告書を発表し，2℃ではなく1.5℃を目指すことが共通認識となりました。

　特別報告書が示したのは，1.5℃に抑制することは不可能ではないことや，1.5℃と2℃では，自然や人間の社会に及ぶ気候関連のリスクが違うことです。簡単にいえば，1.5℃に向けた最大限の努力をすることにメリットがあることがはっきりしたのです。同時に，1.5℃以内に抑えるためには，パリ協定にある「21世紀後半」ではなく，「2050年近辺」でカーボンニュートラルが必要ということも示されました。

　これを契機として，十分な水準と認められるような目標は1.5℃を達成することに資する削減目標である，という理解が広がりました。それが，2050年ネットゼロ（またはカーボンニュートラル）という水準です。まとめると，「気候変動による被害を一定の範囲に抑えるためには1.5℃目標とすべきだ。そして，1.5℃のためには2050年ネットゼロが必要だ」という理解がはっきりと広がったのが2018年だということです。

⑤　トランプ政権対グレタ・トゥンベリ氏

2017年　米国にトランプ政権誕生，パリ協定からの離脱を表明 2019年　スウェーデンのグレタ・トゥンベリ氏，国連気候行動サミットでスピーチ

　パリ協定に危機が訪れたように見えたのは，米国にトランプ大統領政権が誕生し，パリ協定からの離脱を表明したときです。こうして振り返ると，気候変動対策に対して世界が一致して盛り上がるタイミングと，しぼむタイミングが交互に起こっていました。

　この頃に見えてきたのは，社会における格差や分断の深刻さです。環境活動家のグレタ・トゥンベリ氏が最初にスウェーデンの国会議事堂前で座り込みをして注目され，若者らにその活動が広がったのも，フランスで急速な気候変動対策に反対する黄色いベスト運動が起こったのも，同じ2018年でした。

　なお，米国ではトランプ政権下にあっても再生可能エネルギー投資は増え続けていましたし，ESG投資家が2030年や2050年への温室効果ガス削減に向けた

企業への要請を緩めたわけでもありませんでした。民間や投資家で，気候変動対策の機運が下がっていたわけでは決してなかったといえます。

⑥　ネットゼロ競争

2020年	日本の菅政権，カーボンニュートラルを発表
2021年	米国にバイデン政権誕生，ホワイトハウスで気候サミットを主催
	国際エネルギー機関（IEA）が「Net Zero by 2050」を発表
	日本のコーポレートガバナンス・コード改訂版，プライム市場上場会社へのTCFD提言に沿った開示を要請
2022年	ロシアのウクライナ侵攻により，脱炭素のシナリオに暗雲

　2020年10月に，当時の菅首相が所信表明演説で「我が国は，2050年までに，温室効果ガスの排出を全体としてゼロにする，すなわち2050年カーボンニュートラル，脱炭素社会の実現を目指すことを，ここに宣言いたします」と発言してから，国内企業の脱炭素への関心が一挙に高まりました。

　そして，同年末の米国の大統領選挙の結果，2021年1月にバイデン政権が誕生し，4月にホワイトハウスで気候サミット（首脳会合）が開催されました。そこで日本政府は，2050年のカーボンニュートラル実現に向けたマイルストーンとして，2030年に温室効果ガスの排出量を2013年度比46％減とする目標を発表しました。発表前は26％減だったため，大きな跳躍となったわけです。

　IEAが発表したネットゼロ排出シナリオ（NZEシナリオ）は，「IEAによる」再生可能エネルギーを主軸としたエネルギー需給への変化を示すものでした。IEAは名前からすると国連組織のように見えますが，もともと，OECDのもとに作られた，OECD加盟国で，かつ石油の純輸入量90日分の備蓄を満たしているという国が加盟できる組織です。第一次石油危機後の1974年に設立され，石油やガスを中心とした供給途絶への備えのためにできたのです。NZEシナリオは，そのIEAが，化石燃料の安定供給から，再エネを中心にエネルギーの安全保障と経済成長への転換を促すものとして注目されました。

　このほかにも，新型コロナウイルス感染症の感染拡大からのグリーンリカバリーや，ビルドバックベターといった言葉とともに，脱炭素に資する技術や産業をテコに成長していこうという動きが多かったのが2020〜2021年でした。日本ではコーポレートガバナンス・コード改訂もあり，これまでには気候変動に

はまったく関心のなさそうだった企業でも，「TCFD提言に対応しないとプライム市場に残れない」ことを受け止め，経営課題として取り上げざるを得なくなったといえます。

　そのようななかで，勃発したのがロシアによるウクライナ侵攻です。これは，第二次世界大戦後の世界の秩序を覆すものと理解されるほど大きな事態であり，気候変動に与える影響も甚大になってくると考えられます。

(3)　気候シナリオとは

　ここで，気候変動対策やTCFD提言においてしばしば登場する「シナリオ」について確認しておきます。シナリオとは，一般には演劇などの脚本や台本，および何らかの計画を実現するための道筋を意味する言葉です。気候変動の場合，将来予測を行う際に必ず登場するのが「シナリオ分析」であり，TCFD提言でも，気候シナリオによって企業経営にどのような財務的影響が及ぶのかを分析することを企業に求めています。

　気候変動に関して，シナリオという言葉は，複数の登場の仕方をします。気候変動の将来予測にあたり，インプットとアウトプットの両方の段階で使われるためです。というのは，将来の気候がどう変化するかを計算するためには，いくつかの段階に分かれた「気候モデル」を回すという作業が必要になります。例えば「将来の世界の社会経済活動がどうなるのか」という"社会経済シナリオ"をインプットとしたり，そのような人間活動によって温室効果ガスがどのように排出されるのかという"排出シナリオ"がアウトプットとなったりするわけです。"排出シナリオ"は，次の段階では大気の成分（温室効果ガスの濃度）のシナリオ計算にインプットされます。

　最終的にTCFD提言に基づく財務影響の分析をする際によく用いられる「1.5℃シナリオ」，「2℃シナリオ」，「4℃シナリオ」のように，気候（気温上昇）の変化がその程度によって人間社会や生態系にどのような影響を与えるのか，ということを示すシナリオになるのです。

　環境省が「TCFDを活用した経営戦略立案のススメ～気候関連リスク・機会を織り込むシナリオ分析実践ガイド～」[12]を作成しており，TCFD提言でいうシナリオ分析の位置付けや，その実践の要点についてまとめています。詳細は参照いただくのがよいですが，大まかにいうと，気候変動対策がぐっと進んで

脱炭素経済への移行が早く実現する世界（1.5℃シナリオや2℃シナリオ）と，気候変動対策が停滞し，気候の変動が激しく顕在化する世界（4℃シナリオ）の最低2種類の世界を外部環境と置いたときの，企業経営が受ける影響を分析すればよいのです。

つまり，1.5℃シナリオの実現を置くならば，2030年までの段階で化石燃料の使用抑制が大幅に進み，そのことが自社にとって経営リスクなのか，機会なのかを想定しておくということです。4℃シナリオの現実化を置くならば，風水害や干ばつ，健康被害などがより激しくなることが経営リスクなのか機会なのかを分析します。

1.5℃シナリオとネットゼロ（カーボンニュートラル）の関係は，人間の生活にとって許容可能と考えられる気温上昇を1.5℃に抑えるシナリオを成立させるためには，その前提として2050年までに温室効果ガスの人為的な排出量と地球としての吸収量を差し引きゼロとしなければならない，ということです。誤解してはいけないのは，2050年が近づいた段階で大きな階段を上がるように達成できればよいのではなく，2030年までの間に，相当程度の削減を進めておかなければならないという点です。それは，すでに気温は1.0℃以上上昇しており，このままのペースが続けば，放出可能とされる炭素の許容量（カーボンバジェットと呼ばれます）を越してしまうからです。

IEAのNZEシナリオでも，2030年までに，太陽光と風力発電の容量を2020年比4倍とすること，電気自動車の販売を18倍とすること，GDP当たりのエネルギー消費量を毎年4％下げることをカギとして示しています。

⑷　ロシアのウクライナ侵攻後の脱炭素経済・社会への移行

2022年2月のロシアによるウクライナ侵攻は，脱炭素の観点からみても大きな転換点となります。ロシアは原油生産国として世界第3位（2021年），天然ガス生産国として世界第2位（同）でした。天然ガスについては世界最大の輸出国で，かつ，世界最大の埋蔵量があるとされます。

天然ガスは，石炭や石油に比べ，エネルギー量当たりの温室効果ガスの排出量が少ないため，カーボンニュートラルに向けた移行の過程において，石炭からいったんシフトせざるを得ないエネルギー源とみなされてきました。石炭から一気に再エネにいくのではなく，天然ガスでつないでおき，その間にグリー

ン水素やアンモニアなどの開発も進めて2050年ネットゼロに間に合わせるというイメージです。もちろん，天然ガスも「サステナブルビジネス」の定義に当てはまらない（グリーンではない）とする見方もありますが，脱炭素への移行期に限定して可とする考えが，産業界を中心に強かったのです。

　本書執筆時点で，脱炭素経済・社会への移行スピードが落ちる（ロシア産以外の化石燃料に頼らざるを得ない，あるいは原子力の課題を重く見る）という見方と，一時的ではそうであったとしても再エネの重要性がより高まるという見方があります。

　戦争による環境への負荷というと，1991年の湾岸戦争時，ペルシャ湾での原油流出による海洋汚染や生物への被害，原油施設での爆発による大気汚染・CO_2の大量排出などが過去最大の汚染といわれてきました。31年後，ようやく世界がネットゼロに向けて動きはじめた矢先でのこの侵攻による環境的，時間的損失は莫大なものとなるでしょう。日本は洋上風力発電の導入などが本格化したばかりであり，再エネ導入のスピードを相当上げるなどして，この損失を取り返していく必要があります。

知っておきたい ▶ より詳しくは巻末の資料集へ……………………………………

- 科学者の集まり
  ☞気候変動に関する政府間パネル（IPCC） https://www.ipcc.ch　眺めるだけでもよい。
- エネルギーの基本
  ☞世界エネルギー機関（IEA） https://www.iea.org　エネルギーについて網羅的に知る。
- 気候が変動したときの影響
  ☞国立環境研究所　https://www.nies.go.jp　日本語で基礎から勉強できる。

3 ┃ 生物多様性と自然資本

⑴　2つの言葉の関係性

　生物多様性（biodiversity）には，生態系（ecosystem）の多様性・種の多様性・遺伝子の多様性という，3つの多様性が含まれています。このうち，「生態系」とは，生き物同士の相互関係と，生き物を取り巻く環境のすべて（水や大気，光，気象，地形など）の間の相互関係を総合的に捉えるものです。1つの小さな池の単位でも「生態系」があるといえますし，広大な森林も「生態系」，また，使い方によっては地球全体を捉えることもあります[13]。「種」とは，絶滅危惧種のようにも使われる生き物の種類のことを指します。「遺伝子の多様性」は，種の中で，個体ごとに遺伝的な違いが多くみられることをいいます。

　自然資本（natural capital）とは，森林，土壌，水，海洋，大気，生物資源などの自然によって形成される資本（ストック）のことを指します。ストックの対義語のフローのことを，生態系サービス（ecosystem service）と呼びます。この生態系サービスは，さらに供給，調整，生息・生息地，文化的サービスの4つに分類できます。自然は，食料や水，木材などの原材料を供給してくれて，大気や水質の浄化のように調整してくれて，生息環境に加えて，観光や文化などの文化的機会を提供してくれるということです[14]。

　まず「生物多様性」と「自然資本・生態系サービス」の関係から確認すると，対象範囲の広さは「生物多様性＞自然資本・生態系サービス」となります。生物多様性は，生き物の多様な姿そのものを指しており，人間にとって有用かどうかは無関係です。他方，自然資本や生態系サービスは，人間にとって具体的な恵みをもたらしていることを特にすくい上げています。もちろん，「自然＞生物多様性」ではありますが，「人間にとって」という部分を両者の違いとして理解することができます。

　生物多様性は，その多様性が失われていることに警鐘を鳴らして用いられます。ただ，それだけでは企業経営とどのように関係しているのかはわかりません。そこで，企業にとってなじみ深い「資本」という概念を使って，自然の重要性を説明するのが「自然資本」なのです。

　2021年のG7をきっかけに「ネイチャーポジティブ」という言葉が広がりはじめ，サステナビリティに関する3つの目指すべき姿として「carbon neutral, nature positive and inclusive」というように使われるようになりました。本節ではここに至る背景をたどっていきます。

(2)　生物多様性と自然資本の現代史

①　国際環境NGOと国連環境計画の誕生

> 1951年　ザ・ネイチャー・コンサーバンシー設立（米国）
> 1961年　世界自然保護基金（WWF）設立（スイス）
> 1971年　グリーンピース設立（カナダ）
> 1972年　国連人間環境会議（通称：ストックホルム会議）開催，「人間環境宣言」
> 　　　　採択。国連環境計画（UNEP）設立
> 1987年　コンサベーションインターナショナル設立（米国）

　生物多様性や自然資本という言葉が広く使われはじめるのはもっと後のことですが，その前に触れておきたいのは，国際的な環境NGOの設立です。環境分野には，自然や生態系の保護を主な活動領域として，欧米を中心にいくつもの有力非営利団体があります。これらの団体は最近では気候変動の領域でも活発ですが，源流は，自然保護にあることが多いです。

　第二次世界大戦後，技術や経済の発展と人口の増加により，深刻な公害や，環境破壊が問題となりました。自然の大規模な開発を必要とする鉱山や油田などの開発，工業用地や住宅用地，道路などのインフラ開発，化学物質の排出などが，自然の喪失や人間の健康被害となって現れてきたのです。大気汚染，水資源，森林破壊，海洋汚染，廃棄物などの現在に通じる環境問題の多くが，人間の経済活動が自然の備える浄化作用や回復力を超えてしまったときに引き起こされたものです。

　国連には国連環境計画（UNEP）がありますが，その設立は1972年であり，多くの非営利団体と似ています。人間環境宣言には，まだ気候変動という言葉は出てきていませんが，人工の害の例として，「生物の危険なレベルに達した汚染」や「生物圏の生態学的均衡に対する大きな，かつ望ましくないかく乱」という表現があります。

②　生物多様性条約もできた

> 1992年　地球サミット（国連地球環境会議）にて生物多様性条約採択
> 1994年　生物多様性条約発効

　1992年の地球サミットでは，気候変動枠組み条約と並んで生物多様性条約も採択されました。発効まで13年かかった気候変動と比べ，生物多様性のほうは2年で発効しました。この条約で，生物の多様性には1．生態系の多様性，2．種の多様性，3．遺伝子の多様性の3層があることが明確にされました。

　生物多様性を脅かす要因としては，主に以下の4つが挙げられます。

(a)　土地および海洋の改変・乱開発：未開拓の土地や海洋が開発されることにより，自然が面として失われます。関係の深い業種は，農林水産，食品，不動産，建設，運輸・倉庫などです。

(b)　気候変動：気候変動による気温上昇や水面変化は，生き物の生育環境の変化を意味します。気象災害による激変も考えられますし，慢性的な気候の変動によっても，じわじわと影響を受けるのです。つまり，温室効果ガスの排出は，生物多様性の毀損にも影響を及ぼしているといえます。

(c)　排水や農薬などに含まれる化学物質を通じた汚染：化学物質により水質や土壌環境が変化し，対応できなくなるものです。化学，金属，電機，農林水産などが，化学物質の提供側と需要側として接点が大きいはずです。

(d)　外来生物：外来生物が繁殖することで，在来種との補食・競合，遺伝的かく乱が起きることが懸念されます。ここで脅かされているのは在来種のほうです。ペット関連の卸売・小売，海運，空運などが関係します。

　ただし，1990年代には，条約は発効したものの，ビジネスとの関係性のなかで生物多様性が具体的に意識されることはあまりありませんでした。国レベルでも，強制力のある行動計画はなかったため，実効力のある目立った取り組みはありませんでした。

　なお，生物資源が豊富な国としては，アマゾンを有するブラジル，島々からなる熱帯雨林を有するインドネシア，シベリアの寒帯林と亜北極ツンドラを有するロシア，そして米国などが挙げられます。

③ 生物多様性と経済の関係を評価する

2008年　生物多様性条約第9回締約国会議（ドイツ・ボン）にて「生態系と生物
　　　　多様性の経済学　中間報告」（TEEB）が発表される
2010年　生物多様性条約第10回締約国会議（日本・愛知）にて愛知議定書採択
　　　　国際統合報告評議会（IIRC）設立「6つの資本」
2012年　自然資本宣言（Natural Capital Declaration）

2008年に発表された「生態系と生物多様性の経済学　中間報告」（TEEB)[15]
は，自然の価値の重要性を示し，破壊をやめなければ人間の生活が脅かされ，
莫大な経済的損失が発生することを示しました。

日本では生物多様性条約の第10回締約国会議（COP10）が愛知で開かれた
ことで，このテーマに対する関心が高まりました。環境省の白書が「環境・循
環型社会・生物多様性白書」となったのも，この愛知会議を前にした平成21年
版（2009年版）のことです。

愛知議定書には，「愛知目標」と呼ばれる2020年までの国際目標が含まれて
おり，そのうち複数はSDGsの目標15のもとのターゲットにも反映されていま
す。これらは2022年に，「ポスト2020」として更新される予定です。

生物多様性に関する目標には，例えば以下のようなものがあります。

- 森林を含む自然生息地の損失の速度を減らす（半減，ゼロに近づけるなど）
- 保護地域の面積割合を定量的に約束する（陸域や沿岸域，海域に分けるなどし
　て割合設定）
- 劣化した生態系の一定割合（定量的に）を回復する（愛知目標では2020年まで
　に少なくとも15%）

世界的には，情報開示や金融のなかから新たな動きが生まれました。国際統
合報告評議会（IIRC)[16]は2010年，財務報告と非財務報告の「統合」を進めよ
うとし，今では大企業で一般的になった「統合報告」のあるべき姿を提示しま
した。企業が事業活動を行ううえで活用している資本には，財務資本，製造資
本，知的資本，人的資本，社会・関係資本，自然資本の6種類があるとした点
が，まず新しいものでした。そして，それぞれの資本を事業活動へのインプッ
トとして活用し，事業活動のアウトプットがそれぞれの資本に影響を及ぼして
いると整理しました。

「統合報告書」として発行されているすべての報告書がこの6種類の資本について説明しているわけではなく，むしろすべてについて定量的な情報があるのは少数であるというのが現状です。それでも，エネルギー消費量や原材料，温室効果ガス排出量といった情報が，財務情報とともに報告書にまとめられるようになるきっかけとなりました。

　2012年には，世界の37の金融機関が集まって「自然資本宣言」に署名しました。融資，投資，保険などの金融商品・サービスの意思決定プロセスに，自然資本の考え方を統合していくことを謳ったものです。企業のリスク分析や，セクター分析に活かす動きにつながっていきます。

　生物多様性や自然資本への関心が高まったとはいえ，生態系サービスの価値を試算した研究[17]によると，1997年時点で年間約145兆ドルあった価値が，2011年には125兆ドルとなってしまいました。125兆ドルというのは，当時の全世界のGDPの1.5倍に当たる大きな数字ですが，この倍率は逆に小さくなってしまいました。失われた価値として特に大きかったのは，サンゴ礁（11.9兆ドル），マングローブ林（7.2兆ドル），熱帯雨林（3.5兆ドル），沼地等（2.7兆ドル）です。

⑤　次のパンデミックを防ぐために

2020年	新型コロナウイルス感染症がパンデミックとなる
	世界経済フォーラム（WEF）が「自然とビジネスの未来」報告書を発表し，Nature Positive Economy（ネイチャーポジティブ経済）への移行による経済効果を示す
	TNFD（自然関連財務情報開示タスクフォース）の準備組織発足（正式には2021年6月）
2021年	IPBES（生物多様性及び生態系サービスに関する政府間科学政策プラットフォーム）とIPCC（気候変動に関する政府間パネル）が政府間合同ワークショップ報告書を発表
	G7（英国開催）「自然協約」を宣言　ネイチャーポジティブが広がる
2022年	生物多様性条約COP15にて，ポスト2020目標決まる（予定）

　ここで新型コロナウイルス感染症の大流行に触れるのは，それが動物から人間にうつる動物由来の感染症とされるからです。それ以外にも，エボラ出血熱，ジカ熱，SARS（重症急性呼吸器症候群）など，人間の生活に深刻な影響を及

ぼしてきた病気は同じく動物由来感染症です。

　一般論として，動物由来感染症は農業の集約化，人の定住エリア拡大，森林や他の動物生息地への人間活動の侵入，そして温暖化のような環境変化の際に多く出現します。

　つまり，気候変動を含む人の経済活動の結果として引き起こされた，生物多様性の喪失や自然資本の毀損が，未知の病原体との接触，感染症の発生および拡散を増長させた原因の１つでもあるといえるのです。この議論は2021年のG７（主要国首脳会議）でも認識されました。G７の成果については後述します。

　大変皮肉なことではありますが，次なるパンデミック予防の観点から，生物多様性や自然資本の重要性への理解，「経済とも関係している」ことへの理解が一気に進んだともいえます。ただ，おそらく，「アフターコロナ」となっても，私たちは継続的に新たな感染症に悩まされるであろうことが予測されています。

　どういうことかというと，今後の感染症を考えるうえで，重要なのが気候変動による気温上昇です。なぜなら，今までであれば寒くなると死滅していた生き物が，気温の上昇により生き延び，繁殖する可能性が高まります。例えば，もともと熱帯地方に多い，デング熱を起こすデングウイルス媒介蚊の１つであるヒトスジシマカの分布北限が北に移動しています。つまり，将来，デング熱が流行するリスクのある地域が拡大しているというわけです。

　気候変動に関しては，永久凍土の溶解や，泥炭地での高温による火災が，人類にとって未知のウイルスを大気中に放出する可能性を指摘する科学者もあります。生物多様性と気候変動は表裏一体に取り組んでいかなければならないことがよくわかります。

　この，生物多様性と気候変動が相互に関係しあうことは，2021年のIPBESとIPCCの合同報告書でも強調されています。もともと，生物多様性と気候変動は1992年の地球サミットで採択された，双子のようなテーマであり，生物多様性を脅かす主因として気候変動は理解されていたはずですし，森林による二酸化炭素の吸収効果は京都議定書の頃から話題になっていたはずです。それにもかかわらず，両輪でなければいけないことに本当の意味で気づいたのは，ごく最近になってからともいえるのかもしれません。

　なお，IPBESは，IPCCの生物多様性版と考えてよい政府間組織です。2012年に設立され，科学的評価，能力開発，知見生成，政策立案支援の機能を有し

ています。

⑥　TNFD発足と，次の10年の国際目標

　企業にとって今後気になる動きはTNFDでしょう。TNFDは，TCFDを下敷きに，企業や金融機関が自然資本を理解し，自然に関するリスクと機会を管理，情報開示する枠組みを作ろうとしています。TCFDを設立したのがFSB（金融安定理事会）だったのに対し，TNFDは国連開発計画，世界自然保護基金，国連環境計画金融イニシアティブ，グローバル・キャノピー（英国の環境NGO）の４機関によりますが，民間を中心とした作業体制となっている点は似ています。

　TNFDは，2020年の準備期間を経て，2021年６月に正式発足，2022年３月に情報開示フレームワークのベータ版（試作版）を発表しました。TCFD提言と同じく，自然関連のリスクと機会に対するガバナンス，戦略，リスク管理，指標と目標を４つの基本的な要素としています。

　民間の動きは非常に活発なレベルにある2021～2022年ですが，国際条約である生物多様性条約上のスケジュールは，コロナの影響もあり遅れています。もともと，2020年10月に中国・昆明で開催予定だったCOP15は，2021年10月にオンラインで第一部が開かれました。第二部は2022年12月にカナダで開催が予定されています。第一部では新たな国際目標「ポスト2020生物多様性枠組み」の採択を向けた決意を示す「昆明宣言」が採択され，枠組みの案も公表されました[18]。

⑶　ネイチャーポジティブとは

　2021年５月の「G７気候・環境大臣会合コミュニケ」では「ネットゼロの排出とネイチャー・ポジティブな経済への移行」という表現が登場しました。同６月のG７首脳会合では，「2030年自然協約（Nature Compact）」が共同声明の付属文書[19]としてまとめられ，「2030年までに生物多様性の損失を止めて反転させる」，「人々と地球双方にとって利益となるようなネイチャーポジティブを達成しなければならない」，「自然に投資し，ネイチャーポジティブ経済を促進する」という表現が並びました。

　2021年10月の「ポスト2020生物多様性枠組み　ドラフト」では，ターゲット

18（案）で「地域から地球規模まで，すべてのビジネス（公的・民間，大・中・小）がそれぞれの生物多様性に対する依存状況及び影響を評価及び報告し，漸進的に負の影響（negative impacts）を低減して，少なくともこれを半減し正の影響（positive impacts）を増加させ，ビジネスへの生物多様性に関連するリスクを削減し，採取／生産活動，ソーシング／サプライチェーン，使い捨てにおける完全な持続可能性を目指す」とあります（訳は環境省による仮訳で，（　）内は筆者補記）。

　前述した，2020～2021年にかけて発表されたさまざまな報告書やイニシアティブを契機に，日本でも，環境省が2022年に「ネイチャーポジティブ経済研究会」を設置しました。気候変動，循環型経済（サーキュラーエコノミー）に続く，環境と経済の領域における大きな波と捉えられています。

　ネイチャーポジティブの一例を紹介します。2021年，英国政府国家インフラ委員会が，"Natural Capital and Environmental Net Gain" というディスカッションペーパーを発表しました。そこでは，道路や港湾などのインフラ開発による自然資本への影響（インパクト）を，ポジティブとネガティブの両面から捉えようとしました。従来，インフラ開発による自然資本への影響といえば，基本的にネガティブのみを見て，いかに「毀損しないか」に着目していました。そこに，「どのような生態系サービスをサポートできるインフラなのか」という視点を加えるのです。そして，いわゆるオフセット（相殺）を最終手段と位置付けています。

　ただし，何をもってネイチャーポジティブというべきか，ということの詳細は今後，議論を深めていく必要があります。この分野ではしばらく，さまざまな大きな動きがありうると考えられます。

　企業経営においては，気候変動との比較では，生物多様性や自然資本の分野のほうが，業種による関心に偏りがありました。「自然の恵み」と事業との接点がわかりやすい，食品・飲料品や木材，遺伝子資源の観点から医薬品などでは以前から優先度の高い課題と捉えられてきましたが，多くの業種でどちらかというと本業よりも社会貢献的に捉えられてきたと思われます。

　大気，水，化学物質，土壌汚染，廃棄物対策など，はっきりした環境規制が設けられてきたような分野に関わる企業では，必ず，何らかの担当者がいるでしょう。規制対応の目的を見つめ直せば，自然環境の保全のための各種規制であり，気がつかないうちに生物多様性や自然資本と関わっていたともいえます。

生物多様性や自然資本に注目が集まっている現在，改めて自社のビジネスとの関係性を見直して，「昔からやってきた環境規制対応だが，ネイチャーポジティブとみることが可能か」といった目線で捉え直す価値があります。

⑷　ネットゼロとネイチャーポジティブの共通点

　前節では気候変動，本節では生物多様性と自然資本について分けて解説してきましたが，現在求められている2つのキーワード，「ネットゼロ」と「ネイチャーポジティブ」には共通点があります。それは，企業がこの分野での貢献を示したいときには，自社の直接的な影響力の範囲を超えて，サプライチェーン，バリューチェーンに広がる効果を考えざるを得ないということです。

　ある製品・サービスを市場に投入するという活動が，「購入される」というアウトプットを経て，購入した顧客や市場でどのように反響するのか，その響き方によって，アウトカム（効果）はプラスにもマイナスにも動きえます。また，反響が自社に戻ってくることも大いに考えられます。

　気候変動が次世代の人権問題として扱われつつあることは改めて後に触れますが，生物多様性や自然資本にまつわる課題も，生存権や環境権とも密接に関連しています。

　全体を通じてやや言葉が難しく，規制についても「省エネ，CO_2削減」のようなわかりやすさに欠ける分野ですが，課題のつながり合いはサステナビリティ全体に通じることとして捉えておく必要があります。

知っておきたい　　より詳しくは巻末の資料集へ ……………………………………

- そもそもどのような課題があるのか？
  - ☞国連環境計画　https://www.unep.org　グローバルな環境問題について概要を知る。
- 自然が破壊されている基本的な状況
  - ☞WWFジャパン（世界自然保護基金）　https://www.wwf.or.jp　生き物関連がわかりやすい。
- 用語を整理しておく
  - ☞環境省自然環境局生物多様性センター　https://www.biodic.go.jp　日本語で勉強したい。

……………………………………………………………………………………………

4 人権とサプライチェーン

(1) サプライチェーンに広がる組織の社会的責任

　サステナビリティやESGといったときに，企業に求められるのは「自社」でも「自社グループ」でもなく，サプライチェーンの上流・下流の現状を把握したうえでの取り組みです。

　このことを世界に印象付けたのは，1997年に，米国のシューズブランドのアジア委託先工場における劣悪な労働環境の実態が明るみになって不買運動に発展した結果，売上減少を招いた事例です。就労年齢に達しない子どもが低賃金で強制的に労働させられていた事実（児童労働）をはじめ，インドネシアやベトナムなどで強制労働や児童労働が発覚しました。

　これにより，同社は「委託先」を放置するのではなく，委託先との雇用条件の設定，自社の従業員による監査や情報公開，同業他社との連携など，さまざまな取り組みを進めました。その結果，消費者からの評判もランキングなどで上昇し，現在では，むしろ先進的な企業と認識されています。

　また，オリンピックやワールドカップなどの国際的な巨大スポーツイベントが開催されるときも，イベント全体としての製品・サービスの調達にかかる行動に注目が集まります。スタジアムや選手村を含む施設の整備で，木材調達をはじめ資材の最上流，イベントで使われるボールやユニフォームなどの素材や製造現場，観覧者や選手に提供される食事等の食材やお土産類を含めた包装資材など，あらゆる物品・サービスに対して調達要件が示されることが一般化しています。

　イベントの結果として納入業者にサステナビリティの取り組み意識や実績ができることも，イベントの効果（レガシー）として考えられるようになっています。

　このように，消費者との距離の短いB to Cの企業や組織ほど，「人権」といったときに，その範囲が自社の従業員の人権尊重に留まらず，サプライチェーンに広がるという認識が広まっているはずだと想像できます。

⑵　下流を含めるならバリューチェーン

　ところで，サプライチェーンに加えて，バリューチェーンという言葉もあります。それぞれ何を指すか，組織の社会的責任に関する国際規格（ISO26000）を参照すると，サプライチェーンとは「組織（企業）に対して製品またはサービスを提供する一連の活動または関係者」のことを指します。バリューチェーンとは「製品またはサービスの形で価値を提供するか，または受け取る一連の活動または関係者の全体」とされ，「供給業者，受託労働者，請負業者，顧客，消費者，取引先，会員」が含まれます。

　つまり，企業からみて，調達・購入行動のみを指す場合（上流のみを指す場合）はサプライチェーン，自らの販売先や顧客も含める場合（上流も下流も含める場合）はバリューチェーン，という使い分けをすることも可能です。

　企業の属する業種や，ビジネスモデルによって，上流・下流のどちらに重きを置くべきかは異なってきます。先に挙げた事例のように，どちらかというと，サプライチェーン（上流）における劣悪な労働環境や，あるいは，原材料の調達元での環境破壊や汚染などが注目されてきました。

　しかし，製品またはサービスが，顧客のもとでどのように使われて，どのように捨てられているのかが重要になることもあります。例えば，自動車や住宅，エアコンのように，製品の製造時よりも使用時でのエネルギー消費量が多くなるような耐久消費財であれば，バリューチェーン全体でみた環境負荷，あるいは製品のライフサイクル全体でみた環境負荷を考えておくことが必須になっています。また，製品が寿命を迎えて捨てられることになったとき，そもそも有害物を出さないか，リサイクルが容易になるような設計がされているか，リサイクル素材が用いられているか，といった点もますます重要になっていきます。

　「責任あるサプライチェーン」という言葉もあります。企業がサプライチェーンやバリューチェーンのうち，自らの影響が及ぶ範囲において，十分に社会的責任を果たすことを求める考え方です。具体的に調達基準を定め直したり，取引先に対する働きかけを行ったりする活動を総称して「CSR調達」や「持続可能な（サステナブル）調達」，「責任ある調達」と呼ぶこともあります。

⑶ 「ビジネスと人権」の現代史

① ビジネスのグローバル化

> 1998年　労働における基本的原則及び権利に関するILO宣言とそのフォローアッ
> プ採択
> 2000年　国連グローバル・コンパクト発足

　ビジネスと人権の歴史について，本節では，上述したシューズブランドの不
買運動以後のことを「現代」として取り上げます。

　1998年のILO宣言では，経済のグローバルな相互依存が増えているなかで，
基本的な原則の普遍的な適用を目指しました。そこでは，以下の尊重・促進・
実現を謳っています[20]。

　(a)　結社の自由および団体交渉権の効果的な承認

　(b)　あらゆる形態の強制労働の禁止

　(c)　児童労働の実効的な廃止

　(d)　雇用および職業における差別の排除

　2000年の国連グローバル・コンパクト（UNGC）は，国連の当時の事務総長
だった故コフィ・アナン氏が，企業にグローバルな課題解決への参画を求めて
始まりました[21]。UNGCは人権・労働・環境・腐敗防止の4分野・10の原則[22]
から成り，企業や団体は署名することで参加します。人権に限った内容ではあ
りませんが，原則1と2は「国際的に宣言されている人権の保護を支持，尊重
し，自らが人権侵害に加担しないよう確保すべきである」とあり，1948年の世
界人権宣言を起源としている点が特徴的です。

② ビジネスと人権の関係を明らかに

> 2010年　ISOが「ISO26000：社会的責任に関する手引」を発行
> 2011年　国連人権理事会が「ビジネスと人権に関する指導原則」を支持
> 　　　　OECD多国籍企業行動指針改訂（初版は1976年で5回目の改訂）
> 2012年　米国カリフォルニア州　サプライチェーンにおける透明性確保のための
> 　　　　法律施行

> 2014年　EU　非財務情報開示指令
> 2015年　英国　現代奴隷法
> 2017年　フランス　人権デューディリジェンス法

　2010年代，ビジネスと人権に関する取り組みが加速します。2010年にISO（国際標準化機構）が発行した組織の社会的責任に関する手引きでは，社会的責任の7つの中核主題のうち1つを「人権」とし，人権デューディリジェンスという表現を広めました。

　そして，ビジネスと人権に関して，世界の中心的な存在は，2011年にハーバード大学の故ジョン・ラギー教授により策定された国連の「ビジネスと人権に関する指導原則」です。この指導原則は，SDGsを含む「持続可能な開発のための2030アジェンダ」や，2015年のG7エルマウ・サミット，2017年のG20ハンブルグ首脳宣言でも明確に支持されてきました。人権を保護する国家の義務，人権を尊重する企業の責任，人権侵害を受けた人が活用できる救済の仕組みという「保護，尊重および救済」の枠組みを有していることが特徴です。

　指導原則やOECDの多国籍企業行動指針改訂に続き，さまざまな国や地域で，ビジネスと人権に関する法律や，指導原則に基づく国別行動計画（National Action Plan：NAP）が策定されました。

③　紛争鉱物規制以降の情報開示とのリンク

　米国では，2010年に紛争鉱物規制（ドッド・フランク法）が採択され，2012年に施行されました。これは，米国の上場企業に対し，コンゴ民主共和国および周辺国原産の紛争鉱物の使用状況の情報開示を求めるものです。ここで「紛争鉱物」と定義されたのは，コンゴ民主共和国および隣接する紛争地域において，その売買収入が武装勢力などの紛争当事者の資金源となっている鉱物です。スズ，タンタル，タングステン，金（ゴールド）が対象となりました。

　この紛争鉱物規制は，企業のサプライチェーン上流における労働の実態に着目したのではなく，上流で発生する資金の流れに着目した点で，他の多くの人権関連の規制と異なる特徴があります。米国のみならず，欧州でも類似の紛争鉱物規制が2017年に制定，2021年に施行されました。

　2012年には，米国・カリフォルニア州で，サプライチェーン上の人身取引を撲滅するための取り組みに関する開示を義務付ける法律が施行されました。同

州は，特に環境分野で，連邦政府や他国に先行した規制強化をすることでよく知られていますが，この分野でも注目すべき地域だといえます。

　2015年に採択・施行された英国の現代奴隷法は，英国で事業を行う一定規模の企業に対し，サプライチェーンを通じた現代奴隷を撲滅するための取り組みに関する声明を義務付けました。規制対象には日本の企業も含まれることから，日本貿易振興機構（JETRO）が参考和訳を作成しています[23]。

　現代奴隷法では，「奴隷，隷属及び強制または義務的な労働」と「人身取引」を犯罪行為としています[24]。これらの取締りに加え，一定規模以上の企業に毎年度，奴隷および人身取引に関する声明を作成することを義務化しました。2022年時点で総売上高3,600万ポンド以上の企業が対象となっています。声明の様式が規定されているわけではありませんが，ポリシーに加え，事業およびサプライチェーンに関するデューディリジェンスの手順や，取り組みの有効性，従業員に対する研修などについて「含めることができる」とする例示を行っています。また，ホームページがあれば目立つように開示せよとも明示されています。

　各社の声明は，2021年以降，オンラインで登録され公開されるようにもなっています。日本企業の中には，現地法人のみではなく，親会社のホームページでも和訳して開示している企業もあります。企業によっては，親会社（本体）の開示よりも，子会社（英国拠点）の開示のほうが網羅的で先行していることもあります。

　このほかにも，フランスでは注意義務法（2017年採択・施行）により，子会社やサプライチェーンを通じた人権と環境に関するデューディリジェンスの実施を義務付けました。オーストラリアでは現代奴隷法（2018年採択）により，英国と同種の声明を義務付けました。ドイツでは，サプライチェーンデューディリジェンス法が2021年採択，2023年施行予定となっています。オランダでも，人権デューディリジェンスの法制化が検討されています。

　さらに，EU全体として，人権デューディリジェンスの義務化に向けた指令の動きが始まっていたり，ESGファンド向けの開示規則に人権関連の内容を含める案が出されていたりするなど，今後もより厳しくなる方向で規制がなされると想定されます。

④　遅れて動きはじめた日本

> 2020年　日本　「ビジネスと人権に関する行動計画（2020-2025)」（NAP）公表

　日本のNAP策定は，もともと東京オリンピック開催に間に合うようにといういうスケジュールで始められました。ところが2020年初頭からの新型コロナウイルス感染症の大流行により策定が遅れ，同10月に公表されました。このあと，政府には，国際人権問題を担当する首相補佐官が置かれたほか，経済産業省に大臣官房ビジネス・人権政策調整室が設置されました。

　日本のNAP策定は欧米を中心とした23か国に続く世界で24番目であり，先進国の中では遅いほうでした。そのため，グローバルに事業展開する企業では，日本政府よりも先に，外国政府や国際人権NGO，人権問題にも関心の高いESG投資家などからの要請に独自に，または産業団体を通じて対応してきた可能性が高いといえます。

　企業に関連の大きい点として，政府から企業への期待として「人権デューディリジェンスのプロセスを導入する」ことを明記し，人権を尊重すべき主体としての企業に行動を求めていることが挙げられます。

　NAP策定を受けて関連省庁での活動も増えてきました。

　例えば，法務省人権擁護局では2021年に「ビジネスと人権に関する調査研究」報告書を公表し，企業が社内研修等で使えるような材料提供を行っています。報告書では，尊重すべき人権の分野として25分野がリストとして挙げられています（2列への分類は筆者）。

図表1－2	尊重すべき人権の25分野

【労働・従業員関係】	【その他のステークホルダー】
①賃金の不足・未払，生活賃金	⑭テクノロジー・AIに関する人権問題
②過剰・不当な労働時間	⑮プライバシーの権利
③労働安全衛生	⑯消費者の安全と知る権利
④社会保障を受ける権利	⑰差別
⑤パワーハラスメント	⑱ジェンダー（性的マイノリティを含む）
⑥セクシュアルハラスメント	に関する人権問題
⑦マタニティハラスメント／パタニティハ	⑲表現の自由
ラスメント	⑳先住民族・地域住民の権利
⑧介護ハラスメント	㉑環境・気候変動に関する人権問題
⑨強制的な労働	㉒知的財産権
⑩居住移転の自由	㉓賄賂・腐敗
⑪結社の自由	㉔サプライチェーン上の人権問題
⑫外国人労働者の権利	㉕救済へアクセスする権利
⑬児童労働	

　ハラスメントが4分野もありますが，これらは「嫌がらせ・いじめ」と一括りにして理解してもよいでしょう。実際，国際機関や外国政府などの資料を読むと，harassmentという単語は出てくるものの，さほど大きく扱われてはいません。「bullying（いじめ）or harassment」といった程度であり，この言葉が目立つのは日本の特徴と考えることができます。

　なお，国連人権高等弁務官事務所のガイド[25]では，人権方針によく含まれる主な分野として以下を例示しています。法務省のリストには，テクノロジーや気候変動など最近注目されるようになった分野も入っていることと比べ，伝統的な表現が中心となっています。

- 差別のないこと
- 平等（equality）
- 児童労働／最低賃金の労働者／最悪の形態の児童労働
- 強制労働／債務返済のための労働
- 結社の自由
- 健康と安全
- 労働条件（労働時間を含む）
- 公正な賃金／報酬
- ひどい，傷つけるような扱いやハラスメントのないこと

- 障がいのある人のアクセス可能性
- 母性保護
- ストライキの権利

⑷　人権デューディリジェンス

　人権デューディリジェンスは，日本企業でESGやサステナビリティに関連するテーマに取り組む人にとって，最も難しい用語ではないかと思います。というのは，「人権」に対する理解や腹落ち感がそもそも微妙なうえ，デューディリジェンスと聞いても，何かをすぐに思い浮かべられないことが多いからです。

　人権デューディリジェンスについて日本政府のNAPの表現を引用すると，企業が，「人権への影響を特定し，予防し，軽減し，そしてどのように対処するかについて説明するために，人権への悪影響の評価，調査結果への対処，対応の追跡調査，対処方法に関する情報発信を実施すること」を指します。人権に悪影響を与えるリスクの1.特定，2.評価，3.予防と軽減，4.対応の追跡，5.説明の5つのプロセスが含まれています。人権デューディリジェンスのプロセスの明確化，経営者による明確なコミットメント（人権方針など），人権の救済メカニズムの構築の3点セットが求められています。

　日本では2022年，経済産業省が「サプライチェーンにおける人権尊重のためのガイドライン検討会」を設置しました。この成果として，人権デューディリジェンスに関する業種横断的な解説書となる「責任あるサプライチェーン等における人権尊重のためのガイドライン」が策定されました。企業の理解を助け，取り組みを促進するために，以下の内容が盛り込まれています。

　①　人権方針の策定にあたり企業が留意すべき点
　②　負の影響の特定・評価をどうするべきか，優先順位をどうつけるか
　③　負の影響の防止・軽減のために企業が具体的にすべきことは何か
　④　実効性をどのように評価できるか，改善できるか
　⑤　説明・情報開示をどうするべきか
　⑥　救済措置，特に苦情処理メカニズムの設計方法

　先進国の中では遅く始まった日本企業の人権対応ですが，デューディリジェンスの経験が増えていけば，徐々に「知らないことではない」という感覚にな

るでしょう。最近ではESG投資家による人権問題への関心の高さを見越し，「人権方針」の明文化から進めた企業も少なからずあったとみられます。新たに人権方針を策定した企業では，対象範囲を従業員のみならずすべてのステークホルダーとするなど，広く人権の尊重を謳う例もあります。方針を明記しておいてデューディリジェンスはこれから，という企業もあるでしょう。NAP策定に伴い各省庁が進めているさまざまな取り組みを活用するなどして実践が進むことが期待されます。

　なお，サプライチェーン上で，強制労働などの人権侵害や劣悪な労働環境の存在が指摘されやすい例としては，以下が挙げられます。国内外問わず出稼ぎ労働者が多いような場合と，サプライチェーンの最上流までの商流が長く，最上流が途上国にある場合に特に注意が必要ですが，企業風土や文化にも依るところが大きく，どのような業種にでもありうると考えたほうがよいと思われます。

- 農林水産物の収穫現場
- 食品加工の製造工場
- 衣料品の製造工場
- 金属資源の採鉱現場
- 新たな鉱山開発やインフラ開発など，大規模な土地開発を伴う事業
- 建設資材　木材等の伐採現場や製造工場
- 船舶・海運　海上での船員の乗務現場や，大型船舶の解体等を行うシップリサイクル現場
- 倉庫・陸運での輸配送現場
- 建物やインフラの建設現場
- 小売や外食での販売現場

⑸　人権に関する新たな課題と将来世代

　本節の最後に，人権に関する比較的最近の，あるいは，まだ企業においてなじみの薄いトピックについて取り上げます。

①　技術と人権

　AI（人工知能）をはじめとする情報技術の飛躍的な進化が，新たな人権侵

害を引き起こしていることが課題となっています。すでに，AIを利用して個人情報収集の規制を違反したとして，情報通信企業に巨額の罰金が命じられた事案もあります。

　人権侵害の例としては，このほかにも，自動的な意思決定や機械学習などに関連する新たなサービスが，実は個人のプライバシーの侵害や，人種や性別などによる差別の助長を生んでいるといった事態が挙げられます。特に重要なのは，情報技術が人権にさまざまな影響を及ぼしうるにもかかわらず，その点を利用者がきちんと理解してサービスを選べない・使えないという，情報ギャップが著しい点です。

　このテーマで規制が先行しているのは欧州です。AIを利用した個人情報の収集に対しては「一般データ保護規則（GDPR）」がすでに運用開始されています。また，AIに関する規制案も示されており，特に公共空間での遠隔生体認証や，政府による個人の信用力格付（スコアリング）などを「容認できない」とするなど，新型コロナウイルス感染症対策での行動規制の経験も踏まえ，議論が進められています。

　AIに限らず，SNSの利用についても，差別の助長につながらないか，という点は大きなリスクとして捉えられています。

②　気候変動と将来世代

　気候変動は環境問題として捉えられることがほとんどですが，最近では，将来世代の人権問題としても位置付けられるようになっています。気候変動が進むことで，地域が人間にとって住みにくい，生きにくい環境になってしまうと，将来の世代の生きる権利が損なわれるという考え方です。

　すでに，調査報告や訴訟の形で例が出てきています。フィリピンでは2019年，人権委員会が，化石燃料関連企業47社が気候変動を加速させ，市民の人権を侵害するため法的責任を問われる可能性があるという調査結果を発表しました。オランダでも同年，裁判所が国家に対し，温室効果ガス排出削減目標の引き上げを命じました。これは，国には，気候変動による影響から国民を保護する義務があるとする考え方に基づいています。

　オランダではさらに，2021年，ハーグ地方裁判所が石油メジャーに対し，バリューチェーンを通じて排出されるCO_2排出量を2030年までに2019年比45％削減することを命じる判決を出しました。これは，環境NGOが石油会社を訴

えた訴訟の結果ですが、気候変動を人権問題と捉えた判決として注目されました。石油会社は2022年に控訴しており、今後の行方は注目に値します。

　なお、現在では気候変動リスクというと「物理リスク」と「移行リスク」の２つに集約させて考えられるようになっていますが、「賠償責任リスク」を別出しして整理することもありました。賠償責任のパターンとしては、以下の３種類が想定できます。

　(a)　気候変動の原因を作ったとして訴えられる

　(b)　気候変動への適応を怠ったとして訴えられる

　(c)　気候変動に関する情報の開示や活用を十分にしていないとして訴えられる

ここでいう将来世代の人権問題は、(a)に当たります。訴えられる側としては(b)では災害対策の担い手としての政府や自治体、(c)では金融機関が相当すると考えられます。

　オランダでの裁判以前にも、米国では州政府やアラスカの先住民族コミュニティが電力会社や石油会社を訴えた例など、かなりの数がありますが、さまざまな理由で主張は退けられていました。

　今後、人権デューディリジェンスの実施が企業に義務付けられていくとすると、特にエネルギー関連企業においては、気候変動対策の遅れや失敗が人権リスクにもなるという関連付けが必要になるでしょう。人権と気候変動が重ね合わせて考えられるようになっていることは、ESGのEとSが無関係ではないことも示しています。

③　子どもの権利とビジネス

　将来世代の権利という観点から、子どもの権利をみることもできます。「ビジネスと人権」というと、筆頭に上がってくる課題として児童労働がありますが、これは、児童労働がその子どもの「育つ権利」や「守られる権利」を侵害すると考えられるためです。言い換えると、児童労働には、搾取や有害な労働である可能性や、勉強や遊びを通じて成長する機会を奪う可能性があることが問題なのです。

　日本も署名している「子どもの権利条約」では、子どもの権利を「生きる」、「育つ」、「守られる」、「参加する」の４つに整理しています。ビジネスと人権の関連をサプライチェーン、バリューチェーン全体を通じて整理すると、児童

労働以外の子どもとビジネスの関係も見えてきます。人身売買への加担を人権リスクに挙げた航空会社もありますし，従業員の生活や健康状態の影響はその子どもにも及びます。

　気候変動による自然災害で，住む場所を奪われることは，特に将来世代，現在の子ども以下の世代にとって「生きる権利」の侵害になるわけです。そして，世界各地で若い世代が気候変動対策の強化を訴える活動をしているのは，自らの生活に関係することとして気候変動を捉え，それに対する意見を表明していること（参加する権利の行使）に当たります。

知っておきたい　　**より詳しくは巻末の資料集へ** ……………………………………

- ビジネスと人権の事例イメージを持つ
  ☞ ビジネスと人権リソースセンター　https://www.business-humanrights.org/ja/　情報が豊富。
- 日本の取り組みを知っておく
  ☞ 外務省「ビジネスと人権」ポータル　https://www.mofa.go.jp/mofaj/gaiko/bhr/index.html　基本情報。

…………………………………………………………………………………………

5　労　　働

　前節で，ビジネスと人権について，人権デューディリジェンスをサプライチェーン，バリューチェーンを通じて実施すべき，という大きな方向性を中心に取り上げました。本節では，自社の従業員を中心に，労働や働き方そのものについて，サステナビリティの観点から知っておきたいトピックスを取り上げます。

(1)　働きがいのある人間らしい仕事とは

　ディーセントワーク（decent work）という言葉があり，「働きがいのある人間らしい仕事」と訳されます。SDGsの中で「目標8：働きがいも経済成長も」は，企業にとって必ず関係のある目標でしょう。ディーセントワークは，1999年の第87回ILO（国際労働機関）総会で，当時の事務総長報告において初めて用いられたとされます[26]。「権利が保障され，十分な収入を生み出し，適

切な社会的保護が与えられる生産的な仕事を意味します。それはまた，全ての人が収入を得るのに十分な仕事があることです」という記述内容となっていました。

　まず仕事があることが前提ですが，その中身について厳しく問いかける内容であるといえます。「権利が保障され」とは，例えば，組合など団体行動の自由が保障されているといった古くからある側面や，いじめや嫌がらせをされないこと，あらゆる不当な差別がないことも当てはまります。

　「十分な収入」とは，その社会において，生活が安定するだけの収入が得られることをいいます。他国と比べるのではなく，同じ社会のなかでの十分さを問うものです。不当に安い賃金はもちろん，「うちは若い世代の給料が安いからなかなか親元から独立して所帯を持てない」などという低賃金も十分な収入とは言い難いのです。日本では，賃上げに対する注目が高まっていますが，若い世代を中心とした所得の伸び悩みは21世紀に入ってから何度も指摘されてきました。就職活動時に氷河期に当たってしまった世代，非正規からキャリアをスタートせざるを得なかったケースなど，いろいろな背景がありますが，「人件費＝コスト」と捉えていては不十分な時代になっているかもしれません。この点については後述します。

　「社会的保護」とは少々難しいですが，職場における安全確保や，メンタルヘルスも含めた健康を維持できる職場，社会保障がきちんと行きわたることなどが含まれます。日本では男性の育児休業取得が非常にゆっくりとしか増えませんが，育休を取得したくてもできていない人が多く，これは労働者の権利が実現できていないという点で社会的保護が十分な状況とはいえません。

　「生産的な仕事」については，まずいえるのは生産性が向上するような職場環境であることの重要性です。無駄に使われる紙の資料が多い職場，惰性で継続される定例会議，やたらに招集される会議などはその逆です。長時間労働を改善することは生産性向上に直結します。

　特に，これから見逃せなくなってくるのが，「無駄な仕事」をなくしていくことだとも考えられます。自分の仕事に意味がない，と感じる人の割合が，男性では42％，女性では32％に上ったという調査が英国であったとされます[27]。管理的な業務の増大は，意味がないと感じる仕事の増加にも直結するため，事業や企業の規模が大きくなるほど注意しないと，いつのまにか「働きがいを感じない仕事」を増やしている恐れさえあるのです。AIなどの技術革新によっ

て注意しなければいけないのは，人間と機械との役割分担が適切で，技術の導入が無駄な仕事をなくしており，同時に増やしていないことの確認になるかもしれません。

(2)　強制労働・奴隷労働

　「働きがいのある人間らしい仕事」と反対の状態を示す言葉から説明します。強制労働とは，処罰の脅威によって強制され，自ら任意に申し出たものではない一切の労働[28]をいいます。処罰とは，監禁，暴力，労働者を職場に閉じ込めることを含みます。脅威とは，家族に危害を与える脅迫，不法就労者の当局に対する告発，賃金の留保・不払いを含みます。労働者が借金を返済するために使用者のもとで働かざるを得ない状況に追い込まれることを債務労働ともいい，強制労働に陥るパターンとされます。ILOでは，世界中で約2,100万人以上が強制労働させられていると推計しています。

　日本語の「過労死」が英語の辞書に載っていることはよく知られていますが，サービス残業や長時間労働も，強制労働の一部とみなされることに注意が必要です。働き方改革の取り組みを，大まかにはSDGsの「目標8：働きがいも経済成長も」に結び付けて整理することもありますが，「長時間労働」というマイルドな言葉はSDGsでは使われておらず，意味合いとしては強制労働に含まれているのです。

(3)　安全と健康を確保できる職場

　働く人の安全の確保は，最も基本的な労働環境の整備です。

　まず身体的なところから最近の日本の状況をみると，2020年，国内の工場・作業場で1,599件の火災が発生しました[29]。毎日4件以上，発生していた計算になります。火災は，死傷者を出しうるだけではなく，地域住民らにとっても日常生活に悪影響が出る可能性があります。

　火災というと特に新しい課題とは思われないかもしれませんが，技術や社会の変化とともにその内容も変化しています。例えば，脱プラスチックやバイオマス燃料，蓄電池・蓄熱など，気候変動や資源の観点から新たな素材や技術へのニーズが高まっていますが，この新たな素材や技術には未知の危険もつきも

のです。このため，リスク管理においても，これまでとは違った注意点や方法が求められます。

　あるいは，倉庫業のように近年成長している分野では，経験豊富な従業員が比較的少ないといった問題もあります。さまざまな情報がデータ化され，危険も自動的に感知されるような時代になったとはいえ，「ヒヤリ」を感じるのは人間によるところも大きいものです。他業種の事故報告であっても幅広く情報収集していくことが，さまざまなリスク予防につながるといえます。

　この他にも，営業車による交通事故やデスクワークに伴う筋肉疲労，視力への影響など，仕事による身体への負荷にはさまざまなものがあります。

⑷　精神的な安全も重要

　労働安全について考える際に，身体的な安全に加え，精神的な安全についても重視されるようになりました。「労働安全衛生調査（実態調査）」（以下では2019年11月〜2020年10月までの1年間を対象にした，令和2年調査から引用）[30]によると，「メンタルヘルス不調により連続1か月以上休業した労働者，または退職した労働者がいた事業所の割合」は9.2％（前回10.3％）と，およそ1割でした。割合は事業所規模が大きくなるほど高く，産業別には情報通信業，電気・ガス・熱供給・水道業，複合サービス業で20％を超し，学術研究・専門・技術サービス業，金融業・保険業，製造業と続きます。なお，連続1か月以上休業した労働者は全体の0.4％でした。

　他方，休業に至らずとも，仕事や職業生活に関することで「強い不安やストレス」を感じることがあると答えた労働者の割合は全体の54.2％と半数を超しています。

　1か月以上の休業に至る人はさほど多くなかったとしても，精神疾患の要因の1つになりやすい不安やストレスを抱えた状態にある人はかなりいるということがわかります。メンタルヘルス対策に取り組む企業は増えていますが，全体に占める割合は50〜60％程度で推移しています。

　また，患者に関するデータからみると，2017年にこころの病気（統合失調症，気分障害，神経症性障害など）の患者と推計されたのは約290万人です[31]。職業の属性はわからないのですが，全体のうち，30歳代は41万人，40歳代は63万人，50歳代は54万人と，現役世代では40代がピークになっています。

　メンタル不調により，どの程度の経済損失が起こっているのかというと，全世界で約10億人が何らかの不調を抱えているとしたうえで，不安障害とうつ病による生産性の低下だけで，毎年1兆ドルものコストが世界経済にかかっているとする試算があります[32]。

⑸　ダイバーシティ，インクルージョン，平等と衡平

　重要な意思決定の時に，多様な意見を反映していたほうが，より多くの賛同を得たり，意思決定後の実行をスムーズに進めたりすることができると考えられます。そのため，企業の意思決定層における多様性の確保が求められています。このとき，性別に代表される誰が見てもわかる属性が違えば考え方も多様かというと，必ずしもそうではないですが，属性の多様化を進めるのが第一歩となります。

　最近では，大企業を中心に，「ダイバーシティ＆インクルージョン（D&I）」（DとIの順序は逆のこともあり）や，「平等」を謳うところが増えてきています。インクルージョンは包摂や受容性と訳されることもある言葉です。企業がD&Iといったときには，組織が多様な個性を受け入れ，ともに認め合い，力を活かすことを指します。経団連では2017年に「ダイバーシティ・インクルージョン社会の実現に向けて」という提言を発表し，2020年10月には「ポストコロナ時代を見据えたダイバーシティ＆インクルージョン推進に関するアンケート結果」を発表しています[33]。アンケートでは回答した273社のうち3分の2以上がD&Iの推進は優秀な人材の維持・獲得やプロダクト・イノベーションや経営に良い影響があると答えました。

　そして，「平等（equality）」という言葉を大きく使う企業も，外資系を中心に目立ってきています。これは，裏を返せば，社会全体の格差や分断が深刻化し，それがビジネスリスクになっているととらえる企業が広がっているとも考えられます。

　ジェンダー平等や人種差別問題については，MeTooやBlack Lives Matterのように米国発で広がったムーブメントが知られています。日本でも，2020年に東京オリンピック・パラリンピック大会組織委員会会長（当時）の発言に批判が集まり，辞任に追いこまれたという出来事がありました。この過程で，在東京のドイツ大使館がSNSで，「黙っていないで」（Don't Be Silent）というメッ

セージを出したことにも注目が集まりました。こうした動きに対しコメントを出す企業もあったのは，沈黙をむしろリスクと考えたのかもしれません。

　平等（equality）に加え，衡平（equity）や正義（justice）という言葉もあります。これらの使い分けは英語でも難しいため，インターネット上で，イラストで説明する試みを見つけることができます。なお，SDGsの目標10，ターゲット10.3では，「差別的な法律，政策及び慣行の撤廃，並びに適切な関連法規，政策，行動の促進などを通じて，機会均等を確保し，成果の不平等を是正する」とあります（総務省仮訳による）。原文では「Ensure equal opportunity and reduce inequalities of outcome, including by eliminating discriminatory laws, policies and practices and promoting appropriate legislation, policies and action in this regard」とあり，equal opportunityを「機会均等」，inequalities of outcomeを「成果の不平等」と訳し分けています。衡平（equity）は成果の平等に近く，正義（justice）はさらに不平等の根本原因の是正を追求しようという考えを示します。

　2022年，日本政府は，従業員数301人以上の企業に対し，男女別の賃金の公表を義務付けることを決めました。採用時に差別をしないことが入口での機会均等とすれば，賃金という金額は不平等是正の成果を問うものです。女性管理職や取締役の比率も成果をみるという点で似ていますが，日本では同じ「部長」職でも男性の賃金のほうが高くなっています[34]。直近値である2020年の格差は全体で約22.5％[35]と，先進国（OECD）平均の11.6％の約2倍の開きがあります。

　このように整理すると，ダイバーシティを重んじることと，平等を重んじることは，それぞれ別のことであることがわかります。日本企業にとってどちらか一方がより重要ということではなく，それぞれ，理想と考える状態と比較した現状のギャップがどこにあるのか，客観的に自己分析することが第一歩になると考えられます。

⑹　日本での多様性

　ところで，多様性といったときに，世界的にみると性別に加え，人種や民族，文化や宗教という観点がクローズアップされます。ところが日本では，人口に関する統計をみても，国籍はわかっても人種や民族はわかりません。企業で人

種や民族別の内訳を持っていることも，ほぼないと思われます。他方，キャリアや経験，働き方の多様性も含めて「多様な人材」が活かされていることが意識されていますが[36]，転職を重ねること自体が「普通」であればいちいち「新卒採用組」，「中途採用組」の違いをダイバーシティと呼ばないでしょう。

　同じように，育児休業をしたことのある男性は，組織にとって「多様な人材」といえるでしょうか。現時点で少数派であることからすれば，「YES」です。

　2018年度の調査によると，育児休業制度を利用したかったがしなかった男性は37.5％に上っています[37]。男性の平均初婚年齢は2019年に31.2歳[38]で，女性の平均初婚年齢と第1子出産年齢の差が約1年強であることから，希望が叶わなかった男性の多くは30代前半と推測できます。つまり，30代前半の男性の価値観と，その組織の文化・風土や，管理者（上司）の価値観が対立していたと想像できます。男性の育児休業に関する制度が社内で整っていなかったことが理由である場合は，育児休業法に基づく労働者の権利を理解していない企業だったことになり，ダイバーシティ以前に人権問題の範疇かもしれません。

　育児休業を取りたい人が男女とも苦労なく取れる状態が本来目指すべき理想のはずです。その頃には，「育児休業経験者」は男女問わず「多様な人材」のモデルにはなっていないでしょう。

　どこからどこまでの属性を想定すればダイバーシティなのか，世界基準なのか日本基準なのか，ダイバーシティを重視する人ばかりいたらそれは価値観の多様な組織といえるのか，など，じっくり考えるとダイバーシティも難しい概念です。単に，女性管理職が増えた，障害者雇用が増えた，という数字を追いかけるだけではない姿勢も必要です。

⑺　貧困や格差

　貧困は，SDGsでも目標の一番最初に来るように，国際的に持続可能性について論じるときに最大の課題として位置付けられます。貧困の水準については，国単位の経済の水準によって線を引くことになっており，国ごとに，所得の中央値の半分を貧困線とし，それに満たない世帯の割合を「相対的貧困率」といいます。他方，国際機関でいう「極度の貧困」は1日1.9ドル以下で生活する人のことを指すため，基準が違うことには注意が必要です。

　日本の場合，相対的貧困率として国が出している統計が2種類あります。厚生労働省の国民生活基礎調査と，総務省の全国家計構造調査です。また，それぞれに日本国内基準と国際比較可能なOECD基準があるため，目にするデータが異なることもあるかもしれません。直近のレベルは，貧困線120～130万円台でやや改善，ただ，経年的な変化に乏しく，ほぼ一定の状況です。1990年代後半のほうが絶対値が高く，140～150万円程度でした。相対的貧困率は10～15%と幅があります。調査対象が異なるため，単年度での調査を比較するよりも，経年変化をみることが重要とされています。

　相対的貧困率は，社会全体で所得格差が大きいほど高くなります。OECD基準で比較すると日本が11.2%だったのに対し米国は17.8%でした。

　企業内に目を向けると，日本では，米国などと比べて，企業トップと一般の従業員との報酬の差に批判が集まることは少ないです。ただ，正規と非正規，男性と女性，都市と地方などでは賃金に差があり，それらは格差問題としてしばしば取り上げられます。

　2020年分の国税庁の民間給与実態統計調査によると，全体の平均は433万円でした。区分別には，正規496万円／非正規176万円，男性532万円／女性293万円でした。男性では300万円台が最も多く，女性では100万円台が最も多くなっていました。こうしたデータや，上述した貧困線を参考に，非正規雇用の従業員も含めて支払っている給与の水準や分布がどのような状態にあるのかを理解しておくことに意味があります。

　従業員数が301人以上の大企業では，男女別の賃金水準の開示が始まります。給与の水準は，さまざまな仕事の役割分担や処遇の結果として現れるものです。個人レベルでみるとどうしても自分の結果だけに目が行きますが，企業全体での水準や分布などに，より多くの従業員自身が関心を持つことも重要です。

　貧困や格差を放置することが，企業にとってなぜ課題になるかというと，貧困の連鎖や，格差の固定化による活力の低下，購買力が上がらず国内市場が人口減少以上に縮小，労働者のスキル低下などによる影響をじわじわと受けるはずだからです。格差というと，ICT化の進展によって生まれる情報格差（デジタルデバイド）は，所得，教育，医療，金融サービス等のさまざまな面で機会の不平等を生み，経済格差を生む一因となっていることもわかっています。

　貧困は昔からあったのだし，その解消は企業の受け持つべき領域ではないという反論があるかもしれませんが，最低限，「貧困が増えることに加担してい

る」，「低所得層への配慮がない」といった批判を受ける可能性について，企業経営者は認識しておくべきだと考えます。

⑻　人的資本と成人教育

　最近，労働関連で注目度が高まっているキーワードに「人的資本（経営）」が挙げられます。経済産業省によれば，人的資本経営とは，「人材を「資本」として捉え，その価値を最大限に引き出すことで，中長期的な企業価値向上につなげる経営のあり方」を指します[39]。2020年1月からは「持続可能な企業価値向上と人的資本に関する研究会」，2021年7月からは「人的資本経営の実現に向けた検討会」が経済産業省にて開催されています。

　人材が企業の経営資源であることは議論の余地のないことであるため，「人的資本経営」といっても「従業員を大事にする」会社であれば今までと変わらないのでは？　という見解もまだ多く，今後この観点がどの程度，企業の競争力向上につながるかは実践を待つ必要があるでしょう。

　大人の学び直しについては，日本では，これまで成人教育の価値があまり認められてこなかったという背景があり，OECD加盟国のなかでも，25歳から64歳までで何らかの業務外での学習をしている人の割合が低くなっています[40]。

　ここで関係するのが，労働時間の長さです。労働時間が長い，すなわち，会社に拘束されている時間が長いと，プライベートの時間が短くなります。ワークライフバランスのライフが短く，特に自己啓発や趣味にかける時間が短くなります。逆にみると，成人教育の進んでいる国（北欧など）は概して労働時間が短く，同時に，時間当たりの生産性が高いという傾向にもあります。労働時間が長い国では，1人ひとりが仕事で疲れすぎてしまい，何も考えずに「ぼーっ」とつけておけるテレビの視聴時間が長いといった笑えない話もあります。

　そう考えていくと，人的資本経営というと必ず出てくるリスキリングや学び直しについても，どこまで"業務としてやるのか（やらせるのか）"という点が重要になるかもしれません。そもそも，人的資本に改めてスポットが当たる背景も，個人の価値観が多様化し，フリーランスや副業も含めた働き方や生活スタイルそのものが多様化したために，ヒトと経営の関係を問い直す必要があったからです。個人に何かを"強要"したり押し付けたりすることができな

いとするならば，いかに個人の自発性を高めてその関心を企業という組織に向けるかの匙加減が企業文化を作っていくことになります。

　本書では第2章以降で「サステナビリティ人材」の育成について話を深めていきますが，労働に関するテーマを概観すると，組織が個人を管理するということそのものが変化の時期にあります。

知っておきたい ▶ **より詳しくは巻末の資料集へ** ……………………………………

- 労働は最古の社会問題
  - ☞国際労働機関（ILO）駐日事務所　https://www.ilo.org/tokyo/about-ilo/lang--ja/index.htm
- ジェンダーギャップで国の個性を知る
  - ☞世界経済フォーラム　ジェンダーギャップレポート　https://www.weforum.org/reports/global-gender-gap-report-2022/　日本と世界の違いを知る。

……………………………………………………………………………………………

---

6 ｜ SDGsとインパクト評価

(1)　インパクトへの関心の高まり

　本章1ではESG投資とインパクト投資を扱いました。本節では，SDGs（持続可能な開発目標）とともに「インパクト評価」を取り上げます。

　SDGsは2015年に採択された2030年を目標年とする世界共通の目標ですが，国内では2018年頃から普及しはじめました。また，新型コロナウイルス感染症の大流行が，私たちに仕事や生活，社会や経済のあり方を考え直させるきっかけを与え，それと並行してSDGsへの認知が広がったように思われます。

　ESGの推進団体として2006年に発足した国連責任投資原則（PRI）の序文には，投資家はPRIに賛同することにより，「より広範な社会の目的を達成できる」と書かれています。ここでは，環境，社会，ガバナンスに関する課題が投資実績（パフォーマンス）に影響する可能性がある，という認識のほうが先に書かれています。つまり，どちらかというと，「環境問題や社会問題が悪化すると，投資の収益性が悪化するのは困るから，それを防ぎたい」という守りの姿勢がベースにあるのは，1でも触れたとおりです。

　これが，2015年にSDGsが採択されたことに伴い，「SDGs達成に向けて投資家がどのように貢献できるのか？」という意識が強まる方向に動きました。具体的には，PRIは2017年に「SDGs投資ケース」（原題：The SDG Investment Case）[41]を発表し，SDGsを，PRIのいう「より広範な社会の目的」を明確にする初めての幅広いフレームワークであるとしました。そして，投資戦略上，マクロ的にもミクロ的にも，リスクと成長機会の両面から意義がSDGsにあることを説明しました。

　さらに，「SDGsの成果を伴う投資　5つの枠組み」（原題：Investing with SDGs outcomes：a five-part framework）[42]をまとめています。5つの枠組みとは，以下のものです。

① 　成果（アウトカム）の特定
② 　方針および目標の設定
③ 　投資家による成果の形成
④ 　金融システムによる全体的な成果の形成
⑤ 　SDGsに沿った成果の達成に向けた世界のステークホルダーの協力

　投資先の現状を分析する際にESGを考慮するだけではなく，成果に結び付けよ，という意識が強くなり，それらは「何が持続可能なビジネスか」といった分類（EUタクソノミなど）や，投融資を通じたカーボンフットプリントの測定につながって整理されているのです。

　また，UNEP FI（国連環境計画金融イニシアティブ）でも，2017年1月に「ポジティブインパクト金融原則　SDGs達成に向けた金融の共通枠組み」を策定しました[43]。世界の主要金融機関19社（銀行中心）に，SDGs達成に向けて金融機関が一定のフレームワークに基づいてポジティブな貢献をすることを謳ったものです。原則では，以下の事項を求めています。

① 　経済・環境・社会の面で潜在的なマイナスの影響が適切に緩和され，少なくとも1つの面でプラスの貢献をもたらすこと
② 　金融機関が投融資先のポジティブインパクトを特定し検証すること
③ 　ポジティブインパクトに関する透明性の確保と情報開示
④ 　意図するインパクトの実現度合を評価すること

　UNEP FIでは2018年11月に「インパクトレーダー」も発表しています。これは，投融資によりポジティブなインパクトを創出する意図のあるファイナンス（＝ポジティブインパクトファイナンス）を増やしていくために，分析を助

けるツールとして作成されました。

1で取り上げた「インパクト志向金融宣言」では，前文において「金融機関が企業活動のもたらす環境・社会への変化（以下「インパクト」という）に着目し，投融資先である企業の生み出すネガティブインパクトを削減することおよびポジティブなインパクトを創出する双方の活動が求められている」と述べられています[44]。

⑵　アウトカムとインパクト

ここで改めて，SDGs達成に向けた貢献の文脈で用いられる「インパクト」や「アウトカム」という言葉の使い分けについて，整理しておきます。

第3章で「ロジックモデル」について詳述しますが，大まかな流れとしては，「経営資源などのインプット」を用いて「活動」を行い，その直接的な効果（アウトプット），アウトプットに連なって出てくる間接的な効果（アウトカム。アウトカムは短期～長期まで複数段階がありうる）を重ね，最終的に環境や社会への影響（インパクト）が生じる，というものです。

ここで，「アウトカム」と「インパクト」を比べると，はっきりしているのは，アウトカムよりもインパクトのほうがあとに出てくる，活動段階からみて遠いところにある，ということです。ただ，アウトカムも間接的な効果であり，さらに何段階も経ている可能性もあるため，入り口にある活動と近いとはいえません。

日本語にすると，アウトカムは「成果」，インパクトは「変化」，「影響」と訳したり，両方カタカナとしたりすることが多いようです。

上述したPRIでは「アウトカム」を，UNEP FIでは「インパクト」を主に使っています。PRIの文書類からは，アウトカムを追跡可能なものと考え，その変化をみることに力点を置いています。一方，UNEP FIでは，活動が及ぼすポジティブなインパクトとネガティブなインパクトをみることに力点が置かれ，アウトカムとインパクトの違いには言及していません。

では，例を使って考えてみます。再生可能エネルギー発電事業の場合，その事業によるCO_2削減効果が，事業の非財務的な価値として認められます。CO_2削減効果とは，「売電量×排出係数」で算出されることが一般的で，このうち，売電量は事業によってコントロール可能な部分ですが，排出係数は，当地で通

常利用される電気の使用に伴う排出量から計算されるため，コントロール範囲外のこととなります（もっとも，排出係数の大小を調べて事業用地を選定することはできますが，売電開始後に排出係数が上がったり下がったりする可能性はコントロールできません）。この場合，CO_2削減効果は，アウトカムとみるべきか，インパクトとみるべきか，どちらでしょうか。

　SDGsを手がかりにするならば，再エネを増やすこと自体が1つのターゲットとなっていますし，CO_2の総排出量も指標となっています。つまり，どちらをみても，ゴールの一部を形成するものといえます。

　ただ，より科学的に考えるならば，気候変動の緩和のためには，大気中の温室効果ガスの濃度が下がる必要があります。濃度を指標としてみるならば，1つの発電事業によるCO_2削減効果は，アウトカムのなかでもかなり手前の段階で出てくることでしょう。なぜなら，いくらCO_2排出ゼロの再エネを増やしたとしても，その分，電気の使用量が増えていれば，全体としてCO_2の排出削減には至らないからです。再エネ発電による電気を増やすことはカーボンニュートラルには重要ですが，同時に，全体のエネルギー消費量を抑えることも必要ですし，温室効果ガスの濃度を下げるまでには，さらに膨大な量の再エネ導入や化石燃料の使用削減，CO_2の吸収や貯留などによるアウトカムも必要となります。

　再エネ導入の目的が，気候変動への対応ではなく，エネルギーの自立だったとしても，同じようにその事業による再エネ発電量の拡大は，アウトプットまたは初期段階のアウトカムで，インパクトに至るには他の要因も必要となるでしょう。

　こう考えていくと，個々の企業や事業，およびそれらへの投融資を通じて得られる作用の連鎖をすくい取って評価したいときには，よくて「アウトカム」段階までと考えられます。インパクト段階については，事業等を通じて貢献したいと考える大きな目標を置く程度の距離感で十分だともいえます。大きな目標とは，具体的には，SDGsやパリ協定，生物多様性条約に基づくような，長期的で国際的に理解されているような内容が考えられます。

(3)　インパクト評価とは

　続いて，「インパクト評価」の基本的な性質をみていきます。アウトカムと

インパクトについては，上述のとおり境目や使われ方の違いがあいまいであるものの，「インパクト投資」，「ポジティブインパクトファイナンス」，「インパクト評価」などの用語としては，アウトカムではなくインパクトが用いられています。仮に同じことをいっていたとしても，名前としてはアウトカム投資というよりインパクト投資というほうがやはり魅力的ですし，音感や語呂の良さなども理由にあると思われます。

　さて，まず理解しておきたいのは，大まかにいって「環境的・社会的な価値」を評価するための手法が発展してきたのは，寄付や開発援助といった，金銭的なリターンを求めない資金の世界だということです。

　貧困層や開発途上国向けに食料，医療，教育，住宅，環境改善，産業振興などの事業を実際に行う主体は，寄付や補助金などの資金を供与する主体（支援者，ドナーなど）に対し，その意義や効果を説明する必要があります。資金の供与時点においては，「意義」という期待値でよいかもしれませんが，徐々に，供与した結果得られた効果に関心がいきます。複数の寄付先があった場合，寄付を継続するかどうかは，投資効率の良さ，すなわち，支援金額当たりの効果の大小をみて決めるというのは，金銭的な投資の世界と同じであり，ただ，効果を示す単位が円やドルではないということなのです。

　もちろん，寄付や開発援助とは関係なく，例えば教育という取り組みの成果を評価することもインパクトの評価といえ，最近では省庁での活用も広まっています。ただ，評価するにもコストがかかるため，まだ実務的に普及するには至っていません。

　では，「インパクト評価とは」という定義についてJICA（国際協力機構）を参考にすると，「事業が対象社会にもたらした変化（インパクト）を精緻に測定する評価手法」とされています。ここで重視されているのは，その事業に「よる」変化と，事業外の要因による変化（社会の自然な変化に伴うもの）を分けて考えよ，ということです。

　例えば，LED照明について考えてみましょう。LED照明器具が販売されはじめた頃（2009年からの数年間）に，A社が照明をLEDに入れ替えるとしたとします。照明をLED化することによって得られる省エネ効果が「誰によるものか？」を考えると，LED照明器具を入手可能にした製造者（メーカー）や販売者と，まだ相対的に高い値段を払ってでも導入したA社のそれぞれに役割があったように感じられると思います。また，その三者が，それぞれに「我

が社のグリーンな取り組み」として導入事例をPRしても，さほど違和感はなかったでしょう。実際，自治体などがグリーンボンドで調達した資金の使途として，LED照明への入れ替えを含めていても，特に批判などは起こりませんでした。

　ところが，現在であれば，当時と比べて「LEDが普及した」という社会の変化があります。例えば家電量販店では，以前はLED照明の売上を増やすことは「環境ビジネス」に当たると分類していましたが，今となっては消費者のほとんどがそれを選ぶ以上，自らの努力による「環境ビジネス」とはいえない，として分類を変えたという例もあります。

　つまり，LED照明が普及している状況で「LEDに入れ替えます」という「変化」は，その事業に「よる」ものではなくなっている，というわけです。おそらく，現在，照明のLED化そのものをグリーンな取り組みとして積極的に謳いたいならば，これまでそれがよほど困難だったことを説明する必要があると思われます。

　もう1つ，保育所の運営という事業を考えてみます。保育所にそもそも入れない待機児童が多い地域や，就学前の保育サービスが普及していないような国であれば，保育所ができることによってそこに通えるようになる子どもが増える，という変化が期待できます。すなわち，定員数がアウトカムを示す指標になるとしても，さほど違和感は持たれません。

　ところが，保育所がすでに余っているような地域，あるいは保育所に通えること自体が社会の基礎的なサービスとして普及しているような国で同じことをしても，その事業に「よる」効果が単に「定員」であるとは考えにくいはずです。保育の量（人数）ではなく質で何かの効果を示すべきなのではないか，といった次の問いが生まれます。

　このように，何がアウトカム／インパクトと呼ぶに値するか，という点については，時代や，どのような（国・地域といった）外部環境にある事業なのか，ということで左右されます。もちろん，保育所の例でいえば，はじめから量だけではなく質も評価しておくべきだという議論もあります。評価には常に優先順位を付けて「評価の対象範囲」を決めなくてはならないという問題もあり，選ばれた指標は絶対的なものであるとは限らない（むしろ，そうとはいえない）ことを理解する必要があります。

　なお，外部環境を前提として，「この取り組みや事業」（上記例ではLED照明の導入や，保育所の運営）に「よる」効果の部分のことを「追加性」と呼びます。「追加性」は，取り組みや事業が行われなかった場合と比べて，何が新たに良くなったのかを評価する概念です。インパクト評価をどこまで厳密に行うべきかということは，煎じ詰めればその評価を活用する関係者間で決めるべきことですが，理論値として精緻な評価ができるかどうかは別として，必ず考えておくべき部分なのです。

　ここまで「インパクト評価」をみてきましたが，1でもみた「社会的」インパクト投資の流れもあり，「社会的インパクト評価」という言葉もあります。内閣府が2015〜2017年度に実施した事業によると，「社会的インパクト評価は，担い手の活動が生み出す「社会的価値」を「可視化」し，これを「検証」し，資金等の提供者への説明責任（アカウンタビリティ）につなげていくとともに，評価の実施により組織内部で戦略と結果が共有され，事業・組織に対する理解が深まるなど組織の運営力強化に資するもの」と定義しています。ここでは，インパクトは「価値」と言い換えられていること，その可視化も評価の一部と強調していることが特徴です。

　定義はそれぞれあるものの，「インパクト評価」と「社会的インパクト評価」の違いは，さほど気にしなくてよいと思われます。

　また，最近では「IMM」という考え方もよく適用されるようになりました。これは，Impact Measurement and Managementの略で，インパクトの測定・マネジメントを意味します。評価と何が違うかというと，ポジティブなインパクトを増やし，ネガティブなインパクトを減らす方向で，PDCAサイクルを回していこうという意図が込められていることといえます。こう書くと，先ほどの「社会的インパクト評価」の定義にも検証や説明，組織の運営力強化が含まれていたではないか…という反論も聞こえてきそうですが，遡ってみれば「インパクト投資」の定義も，時代によって変化したこともあるわけですから，あまり厳密に決まったものとして捉えないでおいてよいでしょう。ただ，「インパクトを評価することが目的なのではなく，ポジティブを増やしネガティブを減らすような継続的な取り組みが必要」という点を押さえておきましょう。

⑷　企業における「インパクト評価」の活用

　では，企業において，インパクト評価をどのように活用できるでしょうか。これまでの例を振り返ると，やはり，大企業を中心として社会貢献活動と紐付いていることが多くなっています。

図表1－3　　インパクト評価の例

取り組み名	概　　要
Panasonic NPOサポートファンド	パブリックリソース財団とともに，ファンドの助成先のNPO法人を対象とした，組織基盤強化助成の社会的インパクト評価（SROI, Social Return on Investment）を実施。投入額の8.82倍のインパクトを得たと評価[45]。
富士フイルムグループ「社会貢献活動のインパクト評価」	富士フイルムビジネスイノベーション株式会社において，「新興国における教材提供プロジェクト」，「伝統文書の複製と活用」などの社会貢献活動の社会的インパクトを評価するために，ロジックモデルを策定し簡易評価を実施[46]。
SMBCグループ「金融経済教育セミナー」社会的インパクト評価	特定非営利活動法人ソーシャルバリュージャパンとともに，SMBCコンシューマーファイナンス株式会社による金融経済教育事業を対象とした社会的インパクト評価を実施。金融リテラシーの向上などが観察された[47]。

　最近の例からは，サステナブルファイナンスの活用時というケースもあります。環境や社会に貢献する分野での資金使途に限定して資金を調達する場合に，調達時にその方針（フレームワーク）を定めておき，事業実施後にはその実績を報告（レポーティング）するというものです。方針（フレームワーク）には，資金使途，どのように使途を選定したか，資金の管理，環境や社会面で得られる効果の報告のあり方の4点セットを入れ込むことが一般的です。

　事業を通じて得られる「効果」の実績を定量的に報告しようとすると，企業としてコントロール可能なアウトプット段階や，初期的なアウトカム段階での指標を設定せざるを得ないこともありますが，SDGsなどで示されるインパクトへの貢献を示す筋道として現実的で，納得性の高いものが設定されていれば，反論等が来る心配はさほどないようです。なお，アウトプットとアウトカムをよく意識しておくことは重要です。

　さらに，企業内部で事業選定を行ったり，投資の優先順位を付けたりする際

にも活用できます。先ほど，再生可能エネルギー発電事業において，排出係数の大小を選ぶかどうかについて触れましたが，もう少し詳しくいうと，次のようなことです。

　異なる２か国で，同じ条件の太陽光発電事業（日照時間，パネルの性能，建設費用など）があり，まったく同じだけの投資で太陽光発電による同じ量の電気を製造することができるとします。財務的な差がないとしても，事業によって生み出されるCO_2削減効果をインパクトの指標として置いていたとすれば，排出係数が現状では「高い」国で事業を実施したほうが，期待できる削減効果は大きくなります。つまり，すでに再エネが普及している国で実施してもインパクトは限界的だが，化石燃料への依存度の高い国で実施すれば，インパクトが大きいというわけです。

　財務的な差のない事業というのはなかなか現実には存在しにくいかもしれませんが，もし複数の評価軸で評価しているならば，その１つにCO_2排出量を加えることによって，財務的な優位性はほんのわずかだったりマイナスだったりしても，CO_2排出削減効果が優れていることによって逆転で選ばれる事業もあるかもしれません。このような実務が広がれば，インパクト評価に関わる人が増え，手法や用語もより使いやすいものになっていくことが期待できます。

知っておきたい　より詳しくは巻末の資料集へ ……………………………………………

- そもそもSDGsはどこにある
  - ☞国連　経済社会局のSDGsサイトhttps://sdgs.un.org/goals　採択の経緯から知りたいとき。
- 最も使えそうなデータサイト
  - ☞SDSN（持続可能な開発ネットワーク）　https://www.sdgindex.org　一目でわかりやすい。
- 日本はどのように国連に報告しているのか
  - ☞外務省「2030アジェンダの履行に関する自発的国家レビュー2021」日本の近況がわかる。https://www.mofa.go.jp/mofaj/gaiko/oda/sdgs/vnr/

7 企業経営とサステナビリティ

　企業と社会の関係性を振り返ると，古くはフィランソロピーやチャリティ，慈善活動という言葉から想起できるような「企業は経済活動によってお金を稼ぎ，利益から納税し，残りの一部を社会に還元する」という考え方が基本型でした。公共（政治や行政）との役割分担によるものです。

　21世紀の現在，ESGやSDGsの成り立ちが示すように，環境や社会の課題解決に当たるのは公共だけでは足りず，企業の行動が必要とされています。求められている行動とは，経済活動に伴う環境や社会への悪影響をなくしつつ，現在傷んでいる環境や社会の問題などに対し，解決策を具体的に製品やサービスとして提供することだといえます。それが，企業経営とサステナビリティの関係性として求められています。

　そこで本節では，企業内でサステナビリティを推進するときの方針と組織のあり方について大枠を整理します。

(1)　サステナビリティ「方針」はどこをみるか

　経営理念やビジョンの下に，「サステナビリティ方針」や「考え方」などの名称で，どのようにサステナビリティに貢献していくのかを明文化する企業が増えてきました。

　大きな目的として，「我が社もサステナビリティに貢献する」という点は各社に共通しています。ただ，経営層あるいは企業風土として，次に掲げる①と②のケースには，それぞれ注意すべき点があります。

①　経済活動から得た利益で環境や社会課題に取り組むという考えが浸透しているケース

　これは，フィランソロピー等の延長線上にある考え方です。経済活動をして得られる利益を大前提としてまず生み出し，その後に，例えば環境を改善する技術開発やサプライチェーン上の労働環境改善を図ろうとするのです。

　経営トップがそう明言していなかったとしても，管理職層などの現場の行動様式にこれが染みついていると，「経済」と「環境・社会」がいつまでも対立状態に置かれます。この状態で3〜5年程度の経営計画を作ると，売上・利

益・投資・人員計画が先に来て，その後にCSRやESGが（しっかり利益が出せれば，という前提で）述べられる形式になります。さらに，だからこそ，企業経営とサステナビリティを「融合する」ことや「統合する」ことが大きな目標として置かれていることもあります。

　目標としては納得できるものの，「経済 vs. 環境・社会」というマインドが強いと，融合・統合を実現するのはなかなか骨の折れる仕事になります。

②　企業経営とサステナビリティを同じ・同義とする考えが浸透しているケース

　このケースでは，①の対立状態が解消されているため問題はないように思えますが，別の課題があります。例えば，高齢者向けの介護サービスを提供する企業が，「福祉が主たる事業分野なのだから，我が社はまるごとCSRだ」と考える感覚です。社会のインフラ的な性格の強いビジネス，医療関係などの健康や，再生可能エネルギーなどの環境に直結する事業の場合，この傾向になりやすいといえます。

　こういう企業は，企業経営とサステナビリティを同じことだと捉えることで「だから，我が社は顧客の役に立つ製品・サービスを提供し続けることで貢献すればよいのだ」と考えてしまうのです。この考えが固定化されると，思考が広がらず，例えば事業活動による負の影響に鈍感になる恐れがあります。また，環境や社会に関する外部環境が急激に変化した場合（技術開発，政策変更，災害発生など）に，思考停止してしまう恐れもあります。

③　環境と社会があるからビジネスができるという考え方を浸透させる

　では，①②ではなく，どのようなスタンスで「サステナビリティ方針」を考えるべきなのでしょうか。本書では，サステナビリティという大きな枠の一部に企業があると考えます。

　図表1-4のように，地球環境や人類の社会全体が大きな土台として存在し，その上に経済活動があり，その内数として無数の企業がある（中には超大企業もある）という現状認識をします。企業は，サプライヤーや顧客という経済活動の相手方がいるから事業が成立するのはもちろんですが，加えて，健康への悪影響のない好ましい自然環境や，次世代を育成する社会があるからこそ長く存立しうるのです。

　このような「環境や社会があるから，経済がある」という考え方に裏打ちされているサステナビリティ方針となるよう，本書第2章以降を活用ください。

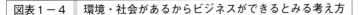

| 図表1−4 | 環境・社会があるからビジネスができるとみる考え方 |

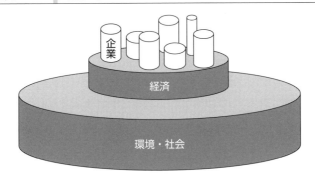

(2)　誰がサステナビリティを「実行」するのか

　さて，では，企業内でサステナビリティの"担当"はどのように置かれているでしょうか。コーポレートガバナンス・コード（2021年改訂）では，「サステナビリティを巡る課題への対応は，リスクの減少のみならず収益機会にもつながる重要な経営課題であると認識し，中長期的な企業価値の向上の観点から，これらの課題に積極的・能動的に取り組むよう検討を深めるべきである」（補充原則2−3①）と述べています。これを素直に読めば，経営課題全体をみる部署，すなわち経営企画が受け持つべきといっているように思えます。

　実際，この数年前から「CSR」と名前の付いた部署名を「サステナビリティ」や「ESG」にリニューアルしたり，同時に，経営企画ラインの一部に置いたりする例を多く目にしました。GPIF（年金積立金管理運用独立行政法人）が責任投資原則に署名して日本にとっての「ESG元年」だとされた2015年は，SDGsもパリ協定も採択された年でもあり，ここを境に組織再編をした企業もかなりあったと考えられます。日本企業にとって「CSR元年」といわれた2003年前後でも，「広報からCSR」，「総務からCSR」，「環境からCSR」といった変化がありましたが，組織上，企業の中核に動いたのは2015年以降の数年のことなのです。

　なお，「組織上」としたのは，実際にどの部署が力を持っているかは，企業

によって異なるからです。製造と営業，本部と現場など，微妙な力のバランスというのはどのような組織にもあると思われます。自社の意思決定の特徴をよく理解しておくことが重要です。

　また，経営企画の担当部内に，サステナビリティ担当ができたとしても，実際に人が増えたのか，チームができたのか，逆に兼務なのかによって，実際に新しくできることは違ってきます。大企業であれば，経営企画部にも大勢の担当者がいて，「サステナビリティのことは何も知らないし，興味もない」という人が同じ組織の中にいることも大いにありえます。専任の担当者が生まれたとして，担当業務のスコープが本当に「経営課題」を扱えるものになっているのか，意味があるのかを確認し続ける必要があります。

　「経営課題としてサステナビリティを認識する」ことに堪えられる組織づくりが進んできたとはいえ，今後，いかに「積極的・能動的」に取り組んでいくかが問われています。

⑶　サステナビリティを推進する「チーム」

　サステナビリティのテーマは広いことから，「主担当」が決まったとしても，関係者は複数の部署にまたがっています。製品・サービスの開発や製造，原材料調達やパートナー開拓，製品・サービスの営業・販売，人事や総務，広報，財務など，多岐にわたります。

　サステナビリティ推進の部署は大きくしないけれども，関連部署から担当者が集まって横串を刺したプロジェクトチームとして，取り組むというケースもあります。具体的な担当者は指名（発令）で決まることが多いですが，社内公募のように希望者を募る方法もあります。

　各部門でどのようにサステナビリティを推進するかが，主担当としての力の入れ所になるでしょう。例えば，各部門の年間活動計画などにサステナビリティの要素を入れるとして，共通の関心事としては，「サステナビリティに取り組んで，どのようなメリットがあるのか。どのような価値につながるのか」という機会の側面と，逆に「取り組まないと本当にいけないのか」というリスクの側面との温度差があります。もちろん，部門の担当業務がSDGsのどこにつながっているかといった情報整理というニーズもあるかもしれませんが，根っこのところでは，「何のためにやるのか」という納得感が重要です。

　納得感を得るための近道は，各部門に固有の外部のステークホルダーも，社内のサステナビリティ担当部署と同じことをいっていることに気がつく場合です。2018年頃から増えたのが，「採用活動中に，学生からの質問で急にSDGsの話が出た。答えられるようにしておきたい」といった，人事・採用担当の部門や役員の声です。サステナビリティ報告書のダイジェストを，学生向けに作成する企業もあります。

　また，取引先（顧客やパートナー）からの声も重要です。環境や労働・人権に関するアンケート調査に答えてほしい，答えられない場合には取引に影響が出るといった，取引条件になるケースもあります。**4**で述べたように，サステナビリティではサプライチェーンを通じた取り組みを求められることが一般的になっているため，「取引条件に，環境や人権のことが入っている」ことは，徐々にデファクトになっていると考えられます。腐敗防止などの公正な取引についても同様です。

　逆にみると，社外との交流が薄い部門には，より積極的に社外と触れ合う機会を作ることに意味が出てくることもあります。研究開発などで高い専門性を必要とする場合，専門分野のことは非常に詳しい反面，それ以外のテーマについては興味がない，といった極端なケースもあります。

　また，取引先やパートナー企業にも環境や人権に取り組んでほしいけれども，中小・零細企業が多くて実現が厳しい，実態把握さえこれからだ，といった場合も多くあります。大企業であれば，取引のある中小・零細企業も参加可能な研修の実施など，中小・零細企業でのキャパシティビルディング（能力開発）を助けるための投資を行うこともあります。日本企業はもともとESGの中でSとGが弱いといわれていましたが，取引先とともに取り組む姿勢については自動車メーカーなどが高い評価を得たこともあります。最近では，温室効果ガスのスコープ3排出量の算出やその低減への関心が高まっていることから，商流を通じて簡単に計算できるデジタルツールを提供する企業も増えてきました。こうした新たなサービスを吟味して，選んで導入することの重要性も増しています。

⑷　古くて新しいテーマ

　サステナビリティに取り組まないと，優秀な人材の中長期的な獲得が難しい，

という話をよく耳にします。ただ，サステナビリティというと新しい課題のように聞こえますが，「従業員から共感を得られなければ，人材の維持・確保ができない」とは，古今東西，受け継がれてきた経営課題です。

つまり，「共感」の中身が変化していることに柔軟に対応していく組織であることが求められているとも言い換えられます。日々新たな課題が出てきて，それに対応することで発展してきているともいえます。

労働面でみると，最近では，兼業・副業と総労働時間や健康管理をどう両立させるか，フリーランスで働く人をどう保護するかなどが新たな課題です。環境面では，何かが壊れた際に，これまでなら「新しいものを買ったほうが安い」と考えがちでしたが，修理して長く使うことに注目が集まっています。すでに欧州では，サーキュラーエコノミー（循環型経済）の一環として消費者の「修理する権利」が認められており，メーカーには修理・修復の可能性や，耐久性向上が求められています。

企業経営とサステナビリティを巡っては，コーポレートガバナンス・コードの改訂やTCFD提言の浸透から新型コロナウイルス感染症やロシアのウクライナ侵攻まで，外部環境の動きが非常に激しくなっています。常に新しい話が降ってくるように感じられるものですが，歴史の中にヒントがあることも多いと思われます。

本章では，サステナビリティの"担当者"として知っておきたい7つのテーマを概観し，企業経営との関係性を振り返ってきました。本当の意味で唐突に現実になる課題はさほど多くなく，なにがしかの兆しがあり，過去からの積み重ねの上に現在の判断が乗っていることがほとんどです。時事的な情報や，「いま，ここ」で何をしないと評価されないのか，といった点に目がいきがちですが，「いまどうなっているか」の前に「これまでの経緯」をみておくことの重要性を強調しておきたいです。また，経緯の読み方にも正解はありません。柔軟なアンテナを張って読んでおくと，新たな視点が生まれるかもしれません。それが，企業として現在向き合わなければならない課題に対する心の準備になるでしょう。

知っておきたい より詳しくは巻末の資料集へ……………………………………

• このテーマの老舗
　☞国連グローバル・コンパクト https://www.unglobalcompact.org/　SDGs

コンパスなどの大もと。
☞持続可能な開発のための世界経済人会議　https://www.wbcsd.org/　経営
者団体のメッセージを知る。

．．．

●注

1　日本サステナブル投資フォーラム「日本のサステナブル投資残高アンケート調査」2021年調査。
2　国連環境計画金融イニシアティブ。https://www.unepfi.org/fileadmin/extranet/agm/2005_agm_
meeting_pack.pdf
3　企業年金連合会「用語集」より引用。出所：https://www.pfa.or.jp/yogoshu/shi/shi25.html（2022
年3月31日アクセス）
4　GSIA。出所：http://www.gsi-alliance.org/wp-content/uploads/2021/08/GSIR-20201.pdf
5　Community Reinvestment Actのことを指す。
6　Impact Taskforce "Financing a better world requires impact transparency, integrity and
harmonisation"［2021］。出所：https://www.impact-taskforce.com/media/io5ntb41/workstream-a-
report.pdf
7　ISSB "Summary of the Technical Readiness Working Group's Programme of Work" 2021年11月
発表の図5　出所：https://www.ifrs.org/content/dam/ifrs/groups/trwg/summary-of-the-trwg-work-
programme.pdf
8　CDPは設立当初は温室効果ガスに絞ったカーボンディスクロージャープロジェクトという名称だっ
たが，その後，森林や水資源等にも活動範囲を広げ，正式名称をCDPとした。
9　京都議定書で定められた，数値目標達成のための3つの仕組み「排出量取引」，「共同実施」，「ク
リーン開発メカニズム」の総称。より安いコストで温室効果ガスの削減ができるように導入されたもの。
10　原題はNicholas Stern, "The Economics of Climate Change : The Stern Review"。日本語版は環
境省，駐日英国大使館，国立環境研究所が作成。
https://www.env.go.jp/press/files/jp/9176.pdfで概要版を入手できる。
11　「現代用語の基礎知識」選「ユーキャン　新語・流行語大賞」。
12　2021年3月に第3版が作成されている。
13　参考にしたのは国立研究開発法人国立環境研究所「環境展望台」（出所：https://tenbou.nies.go.jp/
learning/note/theme2_2.html）や，ナショナルジオグラフィックの辞書サイト（出所：https://
education.nationalgeographic.org/resource/ecosystem）。
14　環境省のTEEB報告書普及啓発パンフレット「価値ある自然」より抜粋。https://www.biodic.
go.jp/biodiversity/activity/policy/valuation/service.html
15　日本語訳は株式会社日本総合研究所サイトで入手できる。出所：https://www.jri.co.jp/service/
special/contnt5/comer28/teeb/
16　IIRCはサステナビリティ会計基準審議会（SASB）と統合し価値報告財団（VRF）となったうえで，
さらに国際サステナビリティ基準審議会（ISSB）に統合。
17　R. Costanza et al., "Changes in the global value of ecosystem services", Global Environmental
Change 26（2014）152-158.
18　英文および環境省による仮訳。出所：https://www.biodic.go.jp/biodiversity/about/treaty/files/
1.0draft_post2020gbf.pdf
19　日本語訳は外務省。出所：https://www.mofa.go.jp/mofaj/files/100200085.pdf
20　ILO東京事務所（仮訳）https://www.ilo.org/tokyo/information/publications/WCMS_246572/lang--

ja/index.htm

21　グローバル・コンパクト・ネットワーク・ジャパン。https://www.ungcjn.org/index.html

22　なお，発足当時は9原則で，腐敗防止が追加されて10原則となった。

23　最新版は2021年12月。
出所：https://www.jetro.go.jp/ext_images/_Reports/01/aa1e8728dcd42836/20210026.pdf

24　強制労働については5⑵を参照。

25　例えば国連人権高等弁務官事務所（OHCHR）"A Guide for Business How to Develop a Human Rights Policy" https://www.ohchr.org/sites/default/files/Documents/Publications/DevelopHumanRightsPolicy_en.pdf

26　ILO（国際労働機関）駐日事務所。出所：https://www.ilo.org/tokyo/about-ilo/decent-work/lang--ja/index.htm

27　デヴィッド・グレーバー［2020］『ブルシット・ジョブ　クソどうでもいい仕事の理論』岩波書店，p.39。

28　国際労働機関（ILO）「1930年の強制労働条約（第29号）」概要より。日本もこの条約には批准済み。

29　総務省消防庁「消防統計（火災統計）」令和2年（1〜12月）における火災の状況（確定値）。

30　厚生労働省「令和2年　労働安全衛生調査（実態調査）結果の概況」。出所：https://www.mhlw.go.jp/toukei/list/r02-46-50b.html

31　厚生労働省「平成30年版厚生労働白書」図表1-2-9により算出。元データは平成29年（2017年）実施の患者調査による。

32　The Lancet Global Healthによる2020年11月発表の記事より。出所：https://www.thelancet.com/journals/langlo/article/PIIS2214-109X（20）30432-0/fulltext

33　日本経済団体連合会。出所：https://www.keidanren.or.jp/policy/2020/102.pdf

34　村上芽［2021］『図解SDGs入門』日本経済新聞出版，p.39。令和元年度賃金構造基本統計調査をもとにしたグラフ。

35　OECD Gender Gap Report データ種類：DP_LIVE_15042022014819861

36　経済産業省によるダイバーシティ経営の定義より。出所：https://www.meti.go.jp/policy/economy/jinzai/diversity/index.html

37　平成30年度厚生労働省委託事業　三菱UFJリサーチ＆コンサルティング株式会社「仕事と育児等の両立に関する実態把握のための調査研究事業報告書」（平成30年度）。

38　内閣府　令和3年版『少子化社会対策白書』。

39　経済産業省。出所：https://www.meti.go.jp/policy/economy/jinteki_shihon/index.html

40　村上芽［2021］『図解SDGs入門』日本経済新聞出版，p.179。OECDの2016年調査をもとにしたグラフ。

41　PRI。出所：https://www.unpri.org/sustainable-development-goals/the-sdg-investment-case/303.article

42　PRI。出所：Investing with SDG outcomes: a five-part framework ｜ Thought leadership ｜ PRI（unpri.org），レポートの日本語訳　https://www.unpri.org/download?ac=11519

43　UNEP FI。出所：https://www.unepfi.org/wordpress/wp-content/uploads/2018/09/POSITIVE-IMPACT-PRINCIPLES-JAPANESE-WEB.pdf

44　出所：https://www.impact-driven-finance-initiative.com/

45　パナソニックホールディングス株式会社。出所：https://holdings.panasonic/jp/corporate/sustainability/citizenship/pnsf_npo_summary/sroi_report2018.html

46　富士フイルムホールディングス株式会社。出所：https://www.fujifilm.com/files-holdings/ja/sustainability/data/2021/sustainability_data_management_pdf_01.pdf#page=107

47　株式会社三井住友フィナンシャルグループ。出所：https://www.smfg.co.jp/sustainability/group_sustainability/globe2030/impact_2020/

第2章

変革編
サステナビリティ人材とは

本書のポイント

　第1章ではサステナビリティについて知っておきたいテーマを「基礎7テーマ」として取り上げ，歴史や内容をみてきました。第1章7で，企業内のサステナビリティ推進について述べましたが，本章では，サステナビリティを推進する担い手（個人）を「サステナビリティ人材」と名付け，それはどのような人か，どのように発掘・育成するのかについて検討を進めます。

---

1 ┃ サステナビリティの担い手を増やす必要性

(1) 担い手は1人でも多いほうがよい

　はじめに，サステナビリティを巡る大きくそして複雑な課題に，誰がどのように取り組んでいくのかを考えてみます。伝統的には，こうした課題には，政府など公共部門が規制や税制，補助政策などを通じ，解決役を担ってきました。しかし，グローバルに絡み合った経済や，政府における財政負担の重さなどから，ビジネス界がリーダーシップを取っていくことへの期待が高まりました。これは，ESG投資誕生の背景にも関係しています。

　ただし，「リーダーシップを取る」といっても，持続可能な社会に向けた変革は一握りの巨大企業経営者や政治家などによる，独裁や命令によって成し遂げられるものではありません

　「社会全体でみたときに，私たち1人ひとりが，多様な考えや価値観を意識して，変革の担い手となり，それを支えるような選択を重ねていくことが，持

続可能な社会にしていくために必要である」──本書ではこのように考えています。選択や実行を一握りの人に委ねるべきではありません。また，担い手も，支える人も1人でも多いほうがよいのです。

　団体スポーツの優れたチームでは，チームの目標に向かって，選手やスタッフがそれぞれの持ち場で役割を発揮します。持続可能な社会に向けた変革においても，皆が皆，一様に変革を始める人にならなくてはいけないわけではありません。得意分野や持ち場に応じ，チェンジメーカーに賛成したり，支える行動を取ったりすることも，担い手としてできることです。

(2)　企業内での行動

　企業内での行動を考えてみると，第1章で述べたように，サステナビリティを巡る課題への対応は，特定の担当者の業務範囲として決められる範囲以上のことが多くなっています。環境問題にしても人権・労働問題にしても，サプライチェーンを通じた取り組みが求められるため，業務の種類や地理的な範囲として，広くなりやすいといえます。

　もし，新たなチームでサステナビリティに取り組む場合，立ち上げ時には，積極的に活動できることが多くあります。自ら望んでチーム入りする人がいる場合などは特にそうでしょう。しかし，ありがちなのは，活動が一巡したときの停滞や，新鮮味が薄れたときのモチベーションの維持で苦労することです。兼務者が多い場合などは，本来の業務にだんだん取られてしまうこともよくあります。立ち上げ時に属人的な思いや行動力に頼りすぎてしまうと，組織として長続きしないリスクが高まります。いかに「よい取り組み」に向く人材を継続的に投入できるか，といった観点で，チーム設計をすることが重要になるといえます。

(3)　企業内での担い手

　企業内での担い手といえば，担当者レベルに加え，経営の監督や執行側の人も担い手です。コーポレートガバナンス・コード改訂以降，「サステナビリティ委員会」等の新たな場を，監督側の機関として取締役会の内部に設置したり，執行側の組織として設置したりする企業が増えています。日本国内では執

行側の組織であることが多く，監督側にあるよりも"担い手"という言葉のイメージに近いかもしれません。では，監督側がサステナブルな社会に向けた変革の担い手にならないかというと，決してそうではありません。むしろ，より幅広い視野を持った監督が求められていくはずです。委員会の構成員や役割については各社各様ですが，期待される機能が発揮できているかどうかは，今後検証されていくべき点になると考えられます。

⑷　経 営 層

　経営層といえば，個々の取締役の有する能力や専門性，経験を株主総会招集通知で「スキルマトリックス」として整理・表現する動きも広まっています。スキルとして「サステナビリティ」，「ESG」，「環境」，「ダイバーシティ」などの項目が挙げられ，2021年の開示時点では百社百様のスキル名でマトリックス化されました。企業によっては全取締役候補者が「ESG」スキル該当者となっているケースもありました。

　コーポレートガバナンスにおいてサステナビリティをどう扱うか，という点は，日本国内においても，欧米においても実務上，過渡期であるように思われます。ただし「担い手」としてみると，制度がどうあれ，よく理解して行動できる人が必要であることに変わりはありません。取締役となるような人がサステナビリティの諸課題について深い理解があるか，今後，理解をどのように向上させるのかという点は極めて重要です。

　こうしたことから，企業の担当者から役員まで，あらゆる仕事において，「サステナビリティ」の担い手が必要であり，過渡期の現在，しっかりとその中身をみていくことに意味があります。

2　サステナビリティ人材とはどのような人か

⑴　サステナビリティ人材に「当てはまらない」人の2つの特徴

　まず，「サステナビリティ人材とは一体どういう人なのか」，その定義を行っていきます。新しい試みとなるため，最初に，「これは当てはまらない」点を

2つ挙げます。

1つ目の「当てはまらない」は，「従業員のXX％がeラーニングでサステナビリティ研修を受講しています」，「理解度の平均点が○点上昇しました」といった，知識の量で決まるような話です。

従業員向けの教育プログラムとして，講座を用意したり理解度確認テストを行ったりする取り組みにも，知識を増やすためには一定の効果があります。しかし，例えば参考資料を見ながら，択一式や用語の穴埋め式のような小テストを行うことが，サステナビリティに関する課題に取り組む具体的な行動を生むのかというと，そこには疑問があります。

また，知識を問うために，YES/NOのはっきりした情報の正誤を追いかけていこうとすると，理解度確認テストの設計者自身も途方に暮れるのではないかと思われます。というのは，サステナビリティを巡る世界の動きが速く，さまざまな政策，制度，団体，提言などが生まれたり発表されたりしており，短期間で陳腐化してしまう恐れがあるためです。

研修やテストは，例えばESG投資家に「経営理念やサステナビリティの社内浸透にどのように取り組んでいるのか」などと聞かれた際に，答えやすい取り組みでもあります。しかし，本来，「浸透しています」ということを説明するために知識をつけるというものではないはずです。

2つ目の「当てはまらない」は，これまでよく使われてきた「○○人材」のように，それになった結果として企業経営に役に立つ，であるとか，個人として収入アップになる，といったことをゴールとすることです。

(2) あまたある「○○人材」

ここで，政策やビジネスで一般的に使われる「○○人材」という呼び方にどのようなものがあるかを見てみます。

「○○人材」というと，グローバル人材，IT人材，デジタル人材などの言葉が世の中にあふれています。それらの代表的な定義からは，測定容易なスキルや，仕事そのものと直結した意味合いで使われていることがうかがえます。

図表2-1　人材関連の定義例

名称	検討主体/報告書	用語の定義に関する概要
グローバル人材	首相官邸「グローバル人材育成推進会議」(2012年)	グローバル人材の要素を「Ⅰ　語学力・コミュニケーション能力」,「Ⅱ　主体性・積極性, チャレンジ精神, 協調性・柔軟性, 責任感・使命感」,「Ⅲ　異文化に対する理解と日本人としてのアイデンティティー」としつつ, 道具としての語学力・コミュニケーション能力を基軸とした施策を提案。
IT人材	独立行政法人情報処理推進機構「デジタル時代のスキル変革等に関する調査」(2021年)	従来のIT人材の範囲は「IT企業や事業会社の情報システム部門等に所属する人」だったが, DXなどの環境変化を踏まえ,「ITを活用して事業創造や製品・サービスの付加価値向上, 業務のQCD向上等を行う人」も含むと整理。
デジタル人材	経済産業省商務情報政策局情報技術利用促進課「デジタル時代の人材政策に関する検討会」(2021年)	検討の入り口として「デジタル (IT) 企業のデジタル人材の確保・育成」を課題とし, 育成すべき対象を「DXの加速化を担う人材」,「今後のデジタル社会を担うデジタルネイティブ人材」の2種類に整理。

出所：報告書欄に記載した資料に基づき筆者作成

　また, 2021年6月18日に閣議決定された「経済財政運営と改革の基本方針2021」(いわゆる骨太の方針2021) でもデジタル人材の育成を謳っており, その例として図表2-2のような種類の人材とスキルを挙げています。

図表2-2　骨太の方針 (2021) におけるデジタル人材

デジタル人材の種類	概　　要
データサイエンティスト	統計分析やコンピュータサイエンスの知識をもとに, 大量のビッグデータから新たな知見を引き出し, 価値を創造する人材。
サイバーセキュリティスペシャリスト	個人や組織をサイバー攻撃の脅威から守るセキュリティ専門人材。
アーキテクト	DX技術を理解して, ビジネスとDX技術導入の融合を指揮することのできる人材。
エンジニア	アプリ開発, クラウド等のデジタル技術をフルスタックで身につけ, 技術のビジネス導入を担う人材。
オペレータ	DXを支えるデジタル基盤の安定稼働を支える人材。

出所：内閣府「経済財政運営と改革の基本方針2021」に基づき筆者作成

　さらに，2022年6月7日に閣議決定された「経済財政運営と改革の基本方針2022」（骨太の方針2022）では，40ページの文書の中で「人材」という言葉が56回も登場します。まず，「デジタル人材」に加え，「デジタル化に対応したイノベーション人材」，「女性デジタル人材」，「デジタル推進人材」が出てきます。その他，「医療人材」，「外国人材」，「地元人材」，「国際法務人材」もあります。骨太の方針の中心に「人への投資と分配」が置かれていることからも，人材育成が大いに強調されているといえます。

　こうした言葉については，場合によってはその元来の意図に反し，「英語を喋れればグローバル人材なのか」というような，本質的ではなく外見的な要素に着目して語られることもあります。

(3)　本書で提案する「サステナビリティ人材」

　本書で提案する「サステナビリティ人材」も，批判的な目でみれば，いかにも「SDGsの内容やESG投資家の動向についてよく知っていること」を条件としているようにみえるかもしれません。あるいは，サステナビリティ人材と呼ばれるためには環境に関する仕事をしていなければいけないように受け止められるかもしれません。

　そこで，「人材」という呼び方を行うものの，こうした矮小化を避けるために，これまでとの違いを明確にしておきます。グローバル人材もデジタル人材も，個人としての経済的・社会的成功や，経済や産業全体が成長するために必要な資源としての人材を表しています。産業界が求める資源を身につけている個人は条件の良い仕事を得やすくなり，その価値が知られるようになると学習分野として人気が出て，必要スキルを養うための教育サービス業が成長することになるわけです。企業は人的資本が充実することによって，より大きな価値を創出できるようになります。

　しかし，サステナビリティは，現在の人間だけの世界の話をしているのでは足りません。持続可能な（サステナブルな）開発は「将来の世代の欲求を満たしつつ，現在の世代の欲求も満足させるような開発」のことを指し，少なくとも将来の世代のことを考えなくてはならないのです。

　また，SDGsを含む「2030アジェンダ」が，「人間，地球及び繁栄のための行動計画である」と書き出していることからも，人間と地球の関係についても強

く意識する必要があります。

　そのため，「サステナビリティ人材」は，現世における人間の成功や成長だけを目指すのではなく，現在と将来の人間を含む地球という存在そのものの豊かさを目指すべきだと考えられます。現在の人間の世界での経済的な成功ではなく，そこから飛び出して，より大きな生命の世界の担い手となるのがサステナビリティ人材なのです。

　企業があえて経済的利益の成功から飛び出すのか？　という点については，あまり言ってしまうと，株主の一部などから反対が出るかもしれません。欧米の例をみても，上場企業でありながら株主を軽視するほどにサステナビリティを重視しすぎているとみられてしまい，株主からの賛成を得られなかった経営者や，株価という人気投票がふるわない企業が確かにあります。ただ，現在注目の高まっている"人への投資"の世界でも，SDGsが求めるような「大胆な変革」が必要であると思われます。人口減少で市場が縮み，生産性も伸びない，イノベーションも起きにくいといった状態にある日本の企業で，社会人・リーダー世代が何をすればよいのか，その手がかりを思い切って検討していく必要があります。

⑷　「サステナビリティ人材」の３つの定義

　それでは，サステナビリティ人材について具体的に定義します。

> ①　人間を自然界の一部と受け止め，地球環境と人間の関係を謙虚に理解する
> ②　世代を超えた時間軸で自らや他者の利益を考えて動く
> ③　自分とは異なる価値観や信条を持つ相手とのコミュニケーションを通じ，対立ではなく協調する

　定義は３つとも，価値観を示すものになっています。なぜ価値観で説明するかというと，気候変動や生物多様性，貧困や不平等といった課題に対し，知識を得て対策を学び，さらに行動に移すためには，何らかの価値観を基盤に持つことが有効と考えられるからです。価値観を意識できれば，情報を知るだけではなくその意味を感じとり，日々の行動選択につなげやすくなります。そこで，情報量やビジネススキルの有無や経験の多寡ではなく，上記３つの価値観に共感できる人を「サステナビリティ人材」として，具体的にどのような人のこと

を指すのか，以下で詳しく説明していきましょう。

①　人間を自然界の一部と受け止め，地球環境と人間の関係を謙虚に理解する

　1点目の手掛かりは，SDGsの策定過程にも大きな影響を及ぼしたとされる科学者グループが提案した，SDGsの「ウェディングケーキモデル」にあります[1]。これは，17のSDGsの目標のうち，バイオスフィア（生物圏）に関する4つの目標を下に置き，その上に社会，さらにその上に経済に関する目標を並べた図です。人類が生活できる生物圏があってはじめて成立する人間社会であり，経済であることを示しています。

　地球に生きられる環境があるからこそ人間が生きている，と考えたうえで，例えば海洋や森林などについて調べていくと，私たちの知らないことが膨大にある，ということがわかってきます。例えば，SDGsの目標14が海，目標15が陸を対象としていますが，その下に位置付けられているターゲットや指標（インディケーター）についてみていくと，計測中のものや部分的にしかわからないものも少なくありません。プラスチックごみ問題はよく知られている環境問題ですが，海洋プラスチックの密度などの指標をどう計測するか，その測定法自体が国連のプロジェクトとして進められています[2]。

　このような例はたくさんあります。海も森も，調べ尽くされているわけではなく，まだわからないことがたくさん存在するはずだ，という見方を持つことができます。そうなると，自然の力をどのように活用できるのかを検討する際にも，「未発見のことがまだまだ多いフロンティアだ」でも「手つかずのまま残さなければ」でもなく，どうすれば長く使わせてもらえるか，という謙虚さが含まれてくるはずです。

　環境問題に対する態度として，「地球にやさしい」や「海を守ろう」などの表現がやや安易に使われることがあります。サステナビリティ人材の考え方では，一種類の生物にすぎない人類よりも地球のほうが大きい存在だと捉えることから，こうした表現は使わないことになります。人間の行いが地球に対して及ぼす影響について科学的に理解して，その影響が悪いものではないように調整することに注力することにより，人間が住みやすい豊かな環境が維持されるのではないか，という思考の手順を踏むことになります。

　地球と人間の関係性を理解するというと「大きすぎる」と思われるとすれば，

もっと規模の小さな自然をイメージしてみてもよいでしょう。例えば，住んでいる町にある川はどこから流れて来てどこに流れついているか。春に咲く花はどのような順番で咲くか。買ってきた鉢植えの土の中にどのような虫がいるか。こうした，人間でもペットでもない生き物のいのちに関心を持つことが，第一の価値観の入り口にあります。例えば，草は，抜いても抜いても，生えてきます。そうしたいのちの強さや循環を手で触れ，「人間が地球を守る」のではなく，「人間を生かしてきた地球を大事にする」と思うことができる——これがサステナビリティ人材の価値観の1つ目の特徴です。

　もちろん，自然災害でどれだけ多くの人が亡くなってきたかを考えると，個人レベルではそうとも考えられないかもしれません。地震も台風もウイルスも自然の産物だからです。1つ目の特徴でいう「人間」とは，人類全体のことを指しています。

②　世代を超えた時間軸で自らや他者の利益を考えて動く

　2点目は，長期的思考や利他といった言葉でも表現されるような，伝統的な考え方の中で息づいてきたことです。「どのようなことも七世代の先の影響を考えて意思決定しなければならない」というネイティブアメリカンのことわざ[3]はそれを示す代表例です。

　しかし，世代を超えた時間軸で行動することが，産業革命以降のこの200年あまりの間に徐々に軽視され，世界大戦や経済・技術の飛躍的な発展を経験するなかで忘れられてしまいました。情報技術の進展が後押しする形で，私たちの時間の感覚がどんどん短くなっており，スピードを求めすぎているという指摘があります。

　これを反転させる意志が，サステナビリティ人材にはあります。

　気候変動を例に取れば，人為的な活動が原因で大気中の温室効果ガスの濃度が高まり，それが気温や地球上の水の流れの変化を通じて異常気象を引き起こしていることが30年以上前からわかっていました。にもかかわらず，対策を十分講じられないまま現在に至り，やっと「2050年カーボンニュートラル」が世界のリーダーたちの共通言語になってきた状態です。

　対策遅れのしっぺ返しをまともに受けているのは，洪水や熱波などの急激な気象災害の被災者や，農産物を期待どおり収穫できなかったり，観光資源がじわじわと劣化したりして期待した収入を得られない人たちです。また，21世紀

を生きる世代は，生涯を通じて繰り返される異常気象と向き合い，新たな食料危機や熱帯性の感染症の流行に悩まされつづけることになる，という警鐘も長く鳴らされています。

温室効果ガスの濃度は1℃上がってしまうとすぐに下げるのが難しいものです。世代を通じて，負の遺産も継承されてしまうことになります。こうした事実を受け入れ，そのうえで，現在を生きるうえでの豊かさの程度を考え，何を22世紀以降に引き継ぐのかを判断していかなくてはなりません。サステナビリティ人材はこのような時間軸・空間軸を持ちます。

こうした時間軸は，ビジネスパーソンからすると「長すぎて話にならない」と感じられるかもしれません。筆者は以前，自然科学に関する研究者が中心の会合で，ビジネスと気候変動の関係について講演したことがあります。その際，「一般的な銀行業界では，長期の貸出というと返済までの期間が1年以上のものを指す」と説明しました。また，異動も多く，2030年や2050年について考えること自体，ビジネス上訓練をしにくい，慣れていないのだと補足しました。そうしたところ，会場から「長期というと，1万年単位のことをいわないとおかしいのではないか」という意見が出ました。これは地質を専門としている方からの質問でした。同じ時代に同じ国に生きていて，気候変動に同じように関心を持っていても，異なる立場から見ると，「期間」の景色が異なって見えるという1つの例です。

なお，時間軸については，企業経営においては四半期決算が短期的な数字づくりへのプレッシャーに拍車をかけるものとして批判されました。日本では，証券取引所の自主ルールだった時代を経て金融商品取引法上の義務として，上場企業は四半期報告書の公表が定められてきました。2022年，この公表義務を廃止する方向（法改正）で議論が進められています[4]。世界をみれば，グローバルな食品大企業のネスレは，もともとスイス生まれの企業ですが，四半期決算のないスイス証券取引所のみに上場しています。これは，ルールや意思決定で作れる時間軸もあることを示しています。

③ 課題を解決するために，自分とは異なる価値観や信条を持つ相手とも，コミュニケーションを通じて協調する

3点目は，多様性を尊重したチームワークとも言い換えられることです。組織において，構成メンバーが力を合わせて物事に立ち向かう重要性に異論はな

いでしょう。その方向性を決めるとき，多様な力が合わさるとより強くなれるというのが，組織の意思決定層が多様であることを望ましいとする考え方です。

　多様性を尊重するには，コミュニケーションが不可欠です。人間は，言葉と文字を持ち，コミュニケーション能力に長けていたことが他のすべての生き物と違うことから成長を遂げた，とよくいわれます。

　多様性を尊重し，コミュニケーションの土壌を育もうとする例は，国際機関から非営利組織まで無数にあります。

　ところが，インターネットなど技術の進化により人間同士のコミュニケーションはさらに取りやすくなったはずであるにもかかわらず，いまだ分断や格差が社会の大きなリスク要素であり続けています。自分とは異なる価値観や信条を持つ相手とのつき合い方は，まだ未熟ともいえます。

　SDGsが示しているような世界規模の課題には，価値観や信条，意見や立場が異なるもの同士が歩み寄ることが必要です。東西対立，南北問題，人種差別，自国主義などの国際レベルから，地域間の対立，組織での縦割りなど地域や組織のレベルでも，コミュニケーションの手段を使い尽くしていくことにエネルギーを使う必要があります。

　企業経営においては，しばしば「戦略」という言葉が使われます。もともとは軍事や政治の用語でしたが，経営戦略やマーケティング戦略など，日常的に目に触れるビジネス用語です。戦略は原則として，相手方に勝つ，相手を倒すためにある考え方です。確かにビジネスで成功はしたいでしょう。課題解決も行いたいわけです。しかし，そこで無意識に「戦略」を考えるのではなく，違う言葉にならないか，仮に使うとしてもどうすれば「協調」できるかに時間と労力を使うことが重要です。これがサステナビリティ人材に必要な考え方です。

3 ｜ サステナビリティ人材を発掘し，育成するには

　前節で定義したように，サステナビリティ人材は，記憶している情報量や，学歴・職歴として書きやすい要件ででき上がるのではなく，価値観が重要です。その前提に立つと，人材育成の入り口の発想も，新たにサステナビリティについて「教える相手を決める」というよりも，「学ぶ意欲のある人」の参加を促したり，「潜在的にいる人材」を発見したりするというプロセスになります。

　ここでは，潜在的なサステナビリティ人材の背中を押し，発掘するときの視

点や，どのようなステップで最終的にその力を発揮させていくかについて，深掘りしていきます。

　まず，企業では，いわゆる研修や育成メニューを設計する際には，候補者を部署，職種，地位，経験年数などで分けたり，ふるいにかけたりすることが通常だと考えられます。それでもよいのですが，今回は，通常どおりの方法に加え，あちこちにいるかもしれない潜在的な人材を探す発想を加えてみることにします。ただし，探すにも一定のプロセスや道具が必要であり，発掘したあとには，社会におけるサステナビリティを巡る課題解決に向けて動けるようになってもらう必要があるため，ある程度，事前に期待値を持っておくことにはなります。

　本節では，そのような意図で「サステナビリティ人材」の発掘や将来像に関する大きな流れを説明し，それを促すために発掘者（≒企業内でサステナビリティ推進を主管する側）が留意すべき点を挙げます。入り口のところで，対象者をどの程度「手上げ方式」で募るか，個別に指名するか，年次等の要件を重視するかは，実務的にはどれでも可能なはずです。なお，具体的なプログラムの立て方の詳細は，「第3章　学び合い編」を参照してください。

| 図表2－3 | サステナビリティ人材が発掘されて活動を広げていく流れ |

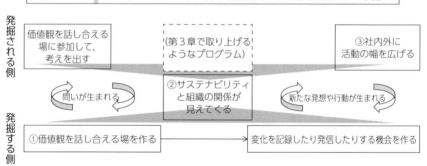

①　価値観を話し合える場を作る

　まず，人材を発掘する側で，価値観を話し合える場を作ります。遠回りに見えるかもしれませんが，わかりやすい属性に基づきすぎないよう，「どのような人たちがいるか」を把握するためです。もちろん，人事部門であればわかっ

ていることかもしれませんし，企業や部署によっては一定の共通項があり，文化のようになっていることかもしれません。

　創業から年数が経ち，組織としてある程度大きくなってくると，人間同士の個性を知っているようで知らないということはたくさんあるでしょう。そこで，すでにある研修体系や，従業員間の交流促進策，人事面談など，あらゆるチャネルを総動員して，もっと「知識だけではない」ことを話し合える場を作ることを提案します。

　話し合いの題材にできる例は，まず，第1章で取り上げたような，サステナビリティを巡って最近よく耳にする課題の起源や歴史です。昔のことに詳しい人も，今のことに詳しい人も参加しやすくなると期待できます。

　さまざまな課題について，過去からの流れをどう見るかは，視点によって変わる可能性が大いにあります。課題の起点や他者の視点で考えることを促せるような問いを立てたり，意見を出し合うきっかけを作ったりすることができるでしょう。

　人事面談でサステナビリティの話題は出しにくい，と考えられるかもしれませんが，働き方改革や多様な人材の活躍につながるような話，あるいは個人のキャリア形成に関することなら話題にしているのではないでしょうか。企業が合併や統合をしたときや，中途採用を増やしたりするときならば，企業理念について話す機会もあると思います。話を聞く側は，そうしたところを糸口に，目の前で実行すべき仕事やまったくの趣味でもない，どのようなことに関心のある人なのかを探ってみます。

　サステナビリティ人材を発掘したとしても，最終的には行動することが求められます。しかし，「知識だけではない」といっても，すぐに手に取れる情報だけではない議論の深掘りができることに越したことはありません。

　もし，複数名でざっくばらんに話をする機会があれば，サステナビリティに関する課題として括りにくいようなことでも，価値観としてどう考えるか，視点をどこまで広げてみることができるかなど，さまざまな議題の例が考えられます。サステナビリティ人材の定義（1(4)参照）で取り上げた価値観について話し合える切り口の例は図表2－4のとおりです。

　いろいろな企業の方のお話を聞くと，朝礼でのスピーチを持ち回りで行ったり，新メンバーが加わった際の互いの自己紹介に力を入れたり，ランチタイムに接続させて愚痴とも雑談ともいえる発言をパートの従業員にも促したり，さ

まざまなコミュニケーションの仕掛けを作っておられます。リモートワークが進んだ職場でも，オンラインランチやおやつ時間を設け，画面上ながらも仕事から少し離れた対話ができるようにしている例を聞きます。図表2−4では「議題」としましたが，スピーチの「お題」でもよいでしょうし，意識する機会を作るところから始めましょう。

| 図表2−4 | 価値観に関する議題例 |

- 文学や美術などの作品を通じ，人間と自然界や生物との関係性や感じ方を話し合う
- 環境を「守る」，「保護する」ことの是非を考える
- 世代間の受け継ぎや他者の利益を題材にしている言葉，ことわざ，慣用句などを探して感じ方を話し合う
- 関連する裁判所の判例を読む（人間以外の生存権を認めるのか，環境保全と企業の責任分担をどう考えるかなど）
- 紛争解決や平和のために行われている教育活動を知る
- 野外活動の経験を共有し（例：手作業による畑仕事，農地等の管理，森林管理，海洋環境保全活動など），そこでどのような道具や資源を使ったかを話し合う
- 宗教について話し合う（種類，特徴，世界各国での学習状況など）
- 死生について話し合う（いのちとは何か，生死に関する諸外国の現状など）
- 人権について話し合う（人権の歴史，諸外国における課題など）

② サステナビリティと組織の関係が見えてくる

こうした話題が盛り上がると，場合によっては，定義した3つの価値観を，企業の特性に基づいてさらに詳しくする案なども出てくるかもしれません。

少し仕事から離れた話題ばかりですが，こうした話を続けていくと，課題間のつながりへの理解も深まり，1つひとつの事象への対処ではなく，仕組みとして何を意識しなければならないのか，敏感になれることが期待できます。これはどちらかというと，サステナビリティ人材として発掘される側の従業員というよりも，発掘者側の担当者の問題意識として現れてくることとも想像できます（サステナビリティと組織の関係が見えてくる）。企業であれば，組織形態，経営資源の配分，成果の測り方，株主などステークホルダーとの合意など，一朝一夕には片付かないようなことにも意識がいくでしょう。

そこで，発掘者側を中心に，さらに検討を進めるためには，図表2−5のような切り口や問いが考えられます。これらの問いは，発掘される側のほうから自然発生的に生まれてくるかもしれません。切り口を考える際には，なぜこれ

までサステナビリティは後回しにされてきたのか，なぜ現在，世界中で課題になっているのかを念頭に置き，日本と世界を対比させながら考えることをお勧めします。

図表2－5	組織としてのサステナビリティ推進のための議題例

- SDGsのターゲットや指標を材料に，サステナビリティの実現のために何のデータが必要か。データはすでにあるか，ないものはどうすればわかるかを考える
- 人間の行動をデータ化して評価することの是非を考える
- 多様性を重視した運営を行っている組織（企業，自治体，学校など）における課題を考える
- 目標にしている企業や国が実施するインフォーマルな人材育成の仕組みを学ぶ
- 長寿企業が長生きできた理由を調べる
- 他者の利益を考えなかったために発生した不祥事事案を調べる
- サステナビリティ人材が企業経営にどのような好影響を与えるのか，仮説を立てる

　このような議論を社内で重ねていくと，あちこちから新たな発想・行動が生まれることも期待できます。中には，新しい製品や事業，組織作りに関するアイデアが湧いてくる人が出てきたり，個人として大学院等に通いたいと思う人が出てきたりすることも想定できます。この段階では，発掘者側はあまり介入できなくなりますが，小さなことでもよいので発掘過程での気づきや気持ちの変化を記録できる場を設けておくとよいでしょう。

③　社内外に活動の幅を広げる

　最後に，サステナビリティ人材は，社内に加え，おそらく社外にも活動の幅を広げていくものと考えられます（社内外に活動の幅を広げる）。発掘され，育成される，または勝手に育つ過程でサステナビリティに関する課題に向き合えば，それに対して何かやりたい，自発的なアイデアが生まれてきます。アイデアを，そのままの形に近い状態であれ，しっかりした製品・サービスの形であれ，外に出していくためには，他者の理解を得ることの必要性がよくわかってくるはずです。

　発掘者側でできることとすれば，アイデアや課題解決策の発表会や社外向け情報発信機会のような，ある程度準備が必要なことから，社内のコミュニケーションツール（社内SNSや掲示板のような場）で気軽な発信を促すことも選択肢に入ってきます。

こうして，サステナビリティ人材の価値観がその人自身にとどまらず，外に広がっていくことが期待できます。

4 企業経営へのインパクト

本章では，社会・経済全体に対して影響力を持つ社会人・リーダー世代が，サステナビリティに関する課題解決の担い手としてこれまでよりも開花すべきという視点で，その定義や育成について論じてきました。

このようなサステナビリティ人材を発掘・育成することは，現在の企業経営のためにも必要になる背景についても触れました。ここで，企業が経営資源を投入するメリットはどこにあるのかを改めて検討しておきます。サステナビリティ人材は「経済」の枠からはみ出していこうとするのに，わざわざ企業が投資することにより期待できるさまざまな効果を紹介します。

効果①：多様性の確保

1点目は，企業経営における人材の多様性確保が求められるなかで，性別や国籍などからはわからない考え方の多様性を引き出すきっかけとなりうる点です。

組織として多様性を確保しようとすると，どうしても人の属性を見てしまいます。男性／女性，障がいのある／なし，日本人／外国人といった具合です。海外では，さらに民族や宗教，文化，母語などで分類することもあります。

こうした外側からわかる属性に加え，サステナビリティ人材には「経済の枠からはみ出す」という視点があるため，今まで隠れていたような人を探し出せる可能性があります。ダイバーシティについて，性別や国籍，子どもの有無のような要件だけではないとわかっていても次の手を打ちにくかった企業にとっては新たな発見になります。

効果②：組織内の世代間ギャップの解消

2点目は，こうした議論を広く行うことが，サステナビリティに関する組織内の世代間ギャップの解消に貢献しうる点です。ここには，ギャップに対する過度の恐怖心の解消も含みます。というのは，大企業を中心に，ESGやSDGsに関する方針を社内に浸透させようとし，その過程でオンライン学習などの研

修を行い，記憶量を問うことがよく行われています。そこで明らかになるのは，管理職層の多い40〜50代の点数が低いという傾向です。ミレニアル世代（1981〜1996年生まれ[5]）やＺ世代（1997年〜2000年代半ば生まれ）とは違い，組織を引っ張る40代以上の世代は，学生時代に環境問題や社会的課題についてさほど学んでおらず，社会人になってからの学びの機会も現業に直結したものであることがほとんどであるため，こうした結果は仕方がない面もあるといえます。

　こうした世代間ギャップを埋めるのは，40代以上がサステナビリティに関する用語の定義を覚えることではなく，お互いの違いを理解したうえで共通の成功体験を生み出すことです。サステナビリティ人材の発掘・育成を通じて，環境問題などについて学んできた若い世代の知識や感覚も活かし，これまで社会を動かしてきた世代の経験値も活かせるような組織となる可能性があるのです。

　一定の知識のレベルを揃えていければ，サステナビリティに対する興味・関心は，年齢によって決まるものではなく，「ギャップがある→違う→話が合わない→怖い」といった悪循環を防ぐことができるでしょう。世代によるギャップは，たまたま，生まれ育った環境が異なるだけなのです。「いま，ここ」の考え方や立場が違っても，長い地球の歴史のなかで考えれば目にも見えないような小さな点にすぎない人同士なのですから，壁や枠を取り払っていけるはずです。

効果③：停滞感の打破

　3点目は，日本全体の課題といわれている「イノベーションが起こらない停滞感」を打破する可能性です。目前の仕事には関係が薄いかもしれないようなことでも，積極的に意見を出せる機会を増やし，「言ってもいいんだ」という土壌を作ることになるためです。

　若い世代の日本人の特性として，他国と比べ，自分が積極的に社会を変えられると思う人が少ない，反対意見に対する耐久力がないといった調査結果[6]もあります。一般論として自分の意見を出さない文化的特性があることを前提にすると，学校を中心とした教育制度全体での最近の新たな取り組み成果を待ちたくもなります。ただ，企業が先んじて，意見を出したり参加したりした経験の浅い人にその機会を与えていくことは，その企業の人的資本の充実としても現れてくるものと考えられます。日本でもすでに，人材輩出企業として知られる企業がいくつかあります。今後，企業と個人の関係が副業なども含めてより

多様化していくと考えられ，企業の内と外の境目があいまいになっていけば，社会全体の人的資本充実に資する企業は，より称賛を浴びると思われます。

　これらをどう表現するかという点については次節でも触れていきます。

5 成果をどのように測るか

　最後に，取り組みの成果をどのように測るのか，指標を置くことができるのか，という点について考えます。企業が投資としてサステナビリティ人材育成に取り組むとすれば，そのリターンを測ることができれば投資の意義に説得力を持たせることができます。

　一般的には，教育の成果を測る定量指標として，「学んだ人が将来にわたって得られる収入や納税額」や，それが「教育にかけた投資額」の何倍に当たるのかという比で示されることがあります。社会人であれば，学び直しやスキルアップのための投資が，組織内での昇進のほか，転職による年収増につながるケースがあります。広くみると，学歴や性別による生涯賃金の差の解消策，就学前教育と子どもの貧困対策といった文脈でも用いられます[7]。

　また，収入や納税額以外の指標として，育成される人にとっての「学力の向上」，「社会情動能力の向上」，「ライフ・キャリア設計力の向上」，「健康・体力の向上」，「家庭/学校での行動の改善」，「向社会性の向上」などの示す指標をアウトカムレベルで設定することも考えられています[8]。

　ただ，これらの先行研究では，企業内での利用を前提にしたものはあまりないため，ここではサステナビリティ人材育成のためのプログラムを企業が実行する場合に，考えられるアウトプット，アウトカムとして，例を挙げて整理します。

　図表2－6は，企業がサステナビリティ人材育成プログラムを立案して実行した場合に，考えうる効果の流れを示したものです。プログラムを行えば，アウトプットとしてはどのような人が何人参加したかということがまずわかります（この例では40代の従業員30名）。このようなロジックモデルと呼ばれる図を使って，参加人数だけをプログラムの実績・成果とはせずに，参加して学習する人にどのような変化が起こり，それがさらにどのような変化を生み出しうるかを想定し，プログラムの成果としてどこまでを描きうるかを事前にいろいろと考えておくことをお勧めします。

図表2-6　サステナビリティ人材育成プログラムによる成果

インプット/活動	アウトプット	アウトカム				インパクト	
サステナビリティ人材育成プログラムを実行する	プログラムに40代・30人が参加する	意見を出し合える	個人や部署同士の関係性が深まる	社内ネットワークが豊かになる	新たな発想や取り組みが生まれやすくなる	企業がサステナビリティ重視の経営を進めやすくなる	脱炭素などの経済・社会移行がスムーズになる
		新入社員や若手と話しやすくなる	新入社員や若手が組織の力を理解しやすくなる	若手のアイディアが社内で理解されやすくなる	離職率が低くなる・離職しても関係性が残る		
		環境・社会問題のニュースをよく読むようになる	関心のあるテーマを追いかけるようになる	専門性が高まる	満足度・充足感が高まる		
			社外との関係構築に動き出す	外部環境変化に敏感な人が増える			

　この事前準備により，プログラムの成果として何を求めているのか，また，それを示すためにはどのような定量・定性指標を事前に仕込んでおけばよいのかがわかってきます。例えば，もともと従業員の組織への満足度や日々の充足感をアンケート調査で把握している企業であれば，そうした指標の経年変化を踏まえた設計もできるでしょう。逆に，「社内ネットワークの豊かさ」などはまだ測っていないかもしれないが，この機会に何をもって表現できるかを検討することもできるかもしれません。何か相談したいときに話せる人が何人いますか，といった設問などが考えられます。

　ロジックモデルでは，アウトカムの先のインパクトまでを記載することも多いです。ここでは，サステナビリティ人材の育成になぜ取り組むべきかという背景への貢献をインパクトとして置いています。なお，事前準備では，アウトカムレベルまでの議論としておくことをお勧めします。最後が漠然としてしまうように思われるかもしれませんが，成果の測定は，やりすぎることの悪影響もある[9]ことを意識して，あえて「これさえやればインパクトが出る」と思いこまないようにしておく距離感を持つことが重要です。

　成果を測る指標は，育成に取り組む開始時点（例えば，方針の策定時や具体的なプログラムの企画・開発時）に設定しておくことが必要です。後付けでは，データを取ることが困難になるためです。

　プログラムを継続的に実施できれば，参加して学習した人の5年後，10年後などを追いかけて，サステナビリティに関する課題解決に向けて実践していることや意思決定への参加の状況を確認していくこともできます。その頃には，企業の組織文化にも影響を与えるようになっていることも期待できます。どのような目的を置くにせよ，長い目で効果検証する準備が欠かせません。

　さらに，社会全体でみれば，こうしたサステナビリティ人材が増えていくことによって，最終的には気候変動の1.5℃目標に近づいたり，子どもの貧困率が低下したり，幸福やウェルビーイングに関するさまざまな指標が改善したりすることが期待できます。成果を個人や組織の中だけにとどめるのではなく，広く社会に還していくような思想でみていくことが望ましく，それを率先できる企業こそが，これからのサステナビリティを重視した資本主義経済において，存在意義を見出せると考えます。

［参考文献］

- 金澤周作［2021］『チャリティの帝国―もうひとつのイギリス近現代史』岩波書店
- クルツナリック，ローマン著，松本紹圭訳［2021］『グッド・アンセスター　わたしたちは「よき祖先」になれるか』あすなろ書房
- 経済産業省商務情報政策局情報技術利用促進課［2021］「デジタル時代の人材政策に関する検討会」第1回から第3回，https://www.meti.go.jp/shingikai/mono_info_service/digital_jinzai/index.html
- 首相官邸［2012］「グローバル人材育成推進会議」2012年6月4日，https://www.kantei.go.jp/jp/singi/global/1206011matome.pdf
- 独立行政法人情報処理推進機構［2021］「デジタル時代のスキル変革等に関する調査」2021年4月22日，https://www.ipa.go.jp/files/000090458.pdf
- 内閣府［2021］「経済財政運営と改革の基本方針2021」https://www5.cao.go.jp/keizai-shimon/kaigi/cabinet/2021/2021_basicpolicies_ja.pdf
- 内閣府［2022］「経済財政運営と改革の基本方針2022」https://www5.cao.go.jp/keizai-shimon/kaigi/cabinet/2022/2022_basicpolicies_ja.pdf
- ブレグマン，ルドガー著，野中香方子訳［2021］『希望の歴史　人類が善き未来をつくるための18章（上）（下）』文藝春秋
- ヘックマン，J・J著，古草秀子訳［2015］『幼児教育の経済学』東洋経済新報社
- ミュラー，J・Z著，松本裕訳［2019］『測りすぎ』みすず書房
- 村上芽［2019］『少子化する世界』日本経済新聞出版
- 村上芽［2020］「ビジネスと子どもの権利を考える―子どもの抱える課題を解決するために―」日本総合研究所『JRIレビュー』2020 Vol.7, No.79

- 村上芽［2021］『図解SDGs入門』日本経済新聞出版
- ラルー，F著，鈴木立哉訳［2018］『ティール組織』英治出版
- ロックストローム，スクデブ［2016］ How food connects all the SDGs, Topics: Food security Sustainable Development Goals EAT Forum, https://www.stockholmresilience.org/research/research-news/2016-06-14-how-food-connects-all-the-sdgs.html
- Business Roundtable［2019］「企業の目的に関する声明」2019年8月19日，"Statement on the Purpose of a Corporation" https://s3.amazonaws.com/brt.org/BRT-StatementonthePurposeofaCorporationJuly2021.pdf.

●注

1　ロックストローム，スグデブ［2016］
2　国連環境計画 "State of the Ocean: A Global Manual on Measuring SDG 14.1.1, SDG 14.2.1, SDG 14.5.1.", 2021　出所：https://wedocs.unep.org/handle/20.500.11822/35086
3　イロコイ族の言葉。
4　金融審議会「ディスクロージャーワーキング・グループ」など。
5　ここでは米国の調査機関，ピューリサーチセンターの線引きを用いた。
6　内閣府「我が国と諸外国の若者の意識に関する調査（平成30年度）」や日本財団「18歳意識調査」第20回など。
7　ヘックマン，J・J著，古草秀子訳［2015］
8　社会的インパクト・マネジメント・イニシアチブの評価ツール（教育分野）https://simi.or.jp/logic_model/education。
9　ミュラー，J・Z著，松本裕訳［2019］

第3章

学び合い編
サステナビリティ人材の育成プログラム

本書のポイント

　第2章では，サステナビリティ人材を定義付け，どのような人材がサステナビリティを推進する担い手として必要になるのか，また，人材の発掘者の立場で何を留意すべきかを解説しました。すでにお気づきのとおり，サステナビリティ人材育成は，なにがしかの講義をeラーニングで受講すれば達成できるというものではありません。では，具体的にどのような育成プログラムを用意すればよいのでしょうか。

　第3章では，サステナビリティ人材が育っていく場を具体的にどう作るかの方法論を扱います。まず，サステナビリティに特有の，育成プログラムに求められる要件を概観したうえで，いくつかの異なった状況に応じた典型的な育成プログラム事例を取り上げてイメージを掴みます。その後で，より良い環境や学びのプロセスを実現するための，さまざまな原則や工夫点を理解してください。これを知っておけば，育成プログラム事例をベースにオリジナルのプログラムを設計できるようになります。

　必然的に，本章は，学習の場を企画する側の人が主語になる解説が多くなりますが，サステナビリティを学習する方々本人の立場でも意味合いとしては同じになりますので，そこは適宜読み替えをしていただければと思います。

　なお，本章では，文中に関連したおススメ文献を❶❷…として表示し，章末にまとめて掲載しています。さらに理解を深めたい，具体例を知りたいという方はぜひ活用ください。

1　サステナビリティ人材育成プログラムに求められること

　ここでは，前章までの解説を踏まえ，サステナビリティ人材の育成プログラムに必ず織り込んでおきたい（とはいわないまでも，強く意識しておきたい）

特徴的な要件を改めて整理します。

　なお，ここでいうプログラムは，1日や単回の研修，ワークショップのプログラムのみでなく，複数回の集まりやその前後も含む一連の流れを指す広義の意味合いを持つ言葉として用いています。

(1) 「遠い」実体を知る／理解する

　他のテーマの育成と違う特徴の第一は，習う／考える対象が「遠い」ことです。自然・地球しかり，遠い異国で強制労働させられている子どもたちしかり，30年後の世の中で壮年期を迎えている今の若い世代しかりです。こういったこれまで考えたことのなかった対象を知る／深く理解するための，現実感が持てる，好奇心を刺激するインプットを用意する必要があります。

　同時に，疑問を考え，口に出せる場も必要です。最近は，当たり前とか，自分には無理などと即断して，疑問を持たない人が多いように思います。素朴な疑問でよいので，疑問を発することが好奇心や理解につながっていきます。

(2) 「アンラーン」する

　アンラーン（unlearn）とは自分に染み付いた考え方の癖を取り除くことです[1]。サステナビリティそのものが，これまでの「自分の生活の質や快楽の向上を追求する」という考え方から「周りの人・環境の持続可能性を重視する」という考え方への転換を要求していますから，学習過程ではさまざまなアンラーンの場面が登場します。例えば，「要求品質を満たす中で最も安価なサプライヤーから物を購買する，そのためには値切り倒すことこそ正義」という考え方・行動が染み付いた購買担当者は，購買に関わる人権問題に対峙しようと思うと，この考え方をいったん脇に置かなければなりません。

　これまで自分が当たり前だと思っていた考え方や自分の得意なやり方をいったん手放す，あるいは「ひょっとすると他の考え方・見方があるのかもしれない」と気づいて立ち止まる，という瞬間が生まれる仕掛けが重要です。

⑶　「つながり」を考える

　サステナビリティを考える時に，私たちはつい国・企業・世の中が悪いと考えがちで，自分たち1人ひとりの行動を変えるという発想になかなか至りません。そうなってしまうのは，自身の行動が周りにどのような影響を及ぼすのかについての想像力が欠如しているからです。今自分がこういう生活をしていることで，遠くの国の人や動物や植物にどう影響するのか，30年後の子どもたちにどういう社会を残すことになるのか——遠い世界〜非日常が自分とつながっていることを理解したり，自然と人間の関係を考えたり，世代を超えた時間軸で考えたりするには，こういう「因果の連関」を思考できるようにならなければなりません。特に，良い影響だけでなく，悪い／負の影響に思いが及ぶようになる，言い換えれば「自分もまた問題の一部である」という思考ができるようになることが大事です。そのためには，学習者（本章では，人材育成プログラムに参加して学ぶ人たちを「学習者」と呼びます）が因果のつながりをじっくり考えられるようなインプットや考察の時間が大事になってきます。

⑷　「多様な価値観」を受け容れ合う

　第2章で述べたように価値観への共感が重要になってくるわけですが，他人の価値観は必ずしも自分の価値観とは一致しませんし，1人ひとりの価値観など簡単には変えられません。そうなると，異なる価値観や信条を持つ人同士で——極端にいえば，価値観の合わない人同士でも——コミュニケーションを取り，協調・協働していくことが求められます。まさにサステナビリティ人材の定義の3番目です。

　プログラムの上では，学習者各人が自らの考えを提示し，多様なモノの見方があることを実感できる場を設け，そこで全員が対等な立場で安心して発言できるようにするのがポイントになります。場合によっては対話の仕方をある程度トレーニングする必要も出てくるでしょう。さらに，「多様なモノの見方があるね」で終わりにせず，多様な中にも皆で大切にしたい共通点は何かを考えていくという流れをプログラムの中で作り込みたいところです。

　また，似たような背景・価値観を持つ学習者ばかりではこの訓練ができません。「違う畑の人」を揃える，学習者の多様性も大切になります。

⑸　自ら考え「動く」

　サステナビリティでは，範囲の大小にかかわらず，世の中・社会・組織に変化を起こす努力や営みこそが重要です。SDGsには17のゴールがある，とか，世界各国のゴール達成度ランキングは○○であるといった知識だけを持っていても何の役にも立ちません。最終的に自分の活動や周囲への働きかけにつなげなければならないのです。その前提として，他の人からの指示をよくわからないまま行うというのではなく，自分の頭で考えることが必要です。

　したがって，プログラムには学習者自身が考える「オープンな部分」を設け，最終的には「自分は何をするか」を考えるステップが必要です。中には活動のアイデアが膨らまない人もいるので，学習者同士お互いが何を考えて，何をしようとしているかを共有して，刺激し合う場を設けておくのも効果的です。

⑹　「協働する」，「学び合う」

　サステナビリティの特徴の最後は，自分１人ではどうにもならず，他の人や外部と協働して初めて解決できる課題が多いということです。世の中・社会・組織に変化を起こそうというわけですから，１人で太刀打ちできるケースはむしろ少ないのです。例えば「男性が育児休暇をとるようにしよう」という卑近な例をとっても，職場全体での動きが必要になってきます。

　したがって，他者に広げる／周りの人を巻き込むにはどうしたらよいかを学習者は知って使えるようになっておく必要があります。組織行動論やリーダーシップ論はぜひ知っておきたいところです。また，どうしても社内に閉じて考えてしまいがちになるので，外部という選択肢もあるのだという意識付けをすることも重要です。

　こういう協働は最終的な活動の場面でのみ必要になるのではありません。学習の過程においても大切です。つまり，１人で学ぶのではなく，学習者同士で「学び合う」ことが，多様な価値観を取り入れたり，視点・発想を広げたり，１人ひとりの決意を堅固にしたりするのにとても大事だということです。プログラムには，一緒に体験する，一緒に考える，一緒に行動してみるという要素を入れておくべきです。

2 ┃ レベル別 学習プログラム事例 (典型プログラム, 時間割)

　この項では，皆さんの置かれた状況／達成したい状況をいくつかに大別して，それぞれに対応した典型的な学習プログラムの骨格を紹介します。手っ取り早く済ませたい方は，この学習プログラムを，時間配分等を調整しつつ，そのまま真似してみてもよいと思いますし，もう少し肉付けしたい方は，後の解説も参考に，自分なりの工夫を織り込んでアレンジしてみてください。

　1つ目は，サステナビリティやSDGsについてそもそもよく知らないので，どういうものなのかを知ってもらいたい，そして，自分たちとどのような関係があるのかを理解してもらいたいという状況（**「まず理解」型**）です。

　2つ目は，知識はそこそこ持っている前提で，自分たちの日常の業務とどのような関係があるのか，自社のどのような活動がサステナビリティに貢献していることになるのかを自分たちで考え，そのような活動を生み出せるようになるという状況（**「考えを深め，自分ごと化」型**）です。

　3つ目は，自分たちがこれまで当たり前だと思っていたことをいったん手放して，新しいモノの見方を自分の中に取り入れ，日頃の思考や行動を変えていけるようになることを目指したい状況（**「他者と対話する」型**, **「他者になる」型**）です。これには大きく，他者に耳を傾けるという方法と自分で体験してみるという方法の2つが考えられます。

　最後に，サステナビリティの機運を事業機会と捉え，新たな事業創案に結び付けていきたいという状況（**「事業創案」型**）が考えられます。

(1)　レベル1 「まず理解」型

　これまで知らなかった内容をインプットし，「わかった」と記憶に刻んでもらうことがここでの至上命題です。では，レクチャーをすればよいのでしょうか。聴く側に立ってみてください。部門方針説明会とかコンプラ研修において，一方的に30〜60分の説明を受けて，どれだけ自分の記憶に残るでしょうか。

　インプットを最重要視するとしても，いかに学習者の興味・参加意欲を湧き起こすかが鍵となります。主なポイントは「面白くする」ことに加え，「自分で学ぶ」,「疑問を出す」,「考える」,「口に出す」場面を作ることです。

① 面白くする

　面白くするには，レクチャーのストーリーや見せ方（ビジュアルや動画）を工夫したり，プレゼンテーションを面白くしたり，ところどころ豆知識を問うクイズ（「SDGsとは何の略？」，「ゴールはいくつある？」，「極度の貧困にある人は世界で10人中何人くらい？」等2)）を入れたりするのが効果的です。

② 自分で学ぶ

　自分で学ぶには，資料に目を通す／指定図書を読む／学習動画を観るといった，事前の課題を提示するのが定番です。あるいは，レクチャーを受けた後で，何かお題を出し，インターネット検索を利用して自分で調べてもらうというのもよいでしょう。学習者の状況に応じてレベルや分量は調整します。

③ 簡潔なプログラム例

　図表３－１は最も簡潔な「まず理解」型のプログラムになります。レクチャーを中心に構成されているので，レクチャー形式・講義形式と呼びます。

| 図表３－１ | 「まず理解」型のプログラム例① |

時間目安	セッション	具体的内容や工夫
事前	自己学習	• 予備知識のための数ページの読み物
3分	オリエンテーション	• 本日の趣旨説明 • 可能ならば，社内のサステナビリティ推進部長や担当役員，社長などの重みのある人からの挨拶（長くならないように）
45分	レクチャー	• 予備知識も踏まえた簡単なクイズからスタート • (例) サステナビリティ経営とは，当社にも求められる背景，CSRとの違い，当社の成しうる貢献をビジュアル等もうまく利用して説明
10分	質疑応答	
2分	クロージング	• 参加へのお礼，結言

　もちろんもっとお手軽にしようと思えば，レクチャー部分を録画し，質疑応答を抜いて，動画コンテンツにして配信するという方法も考えられます。しかし，それでは学習者はほぼ100％受け身モードですし，「学び合う」要素もまったく織り込めません。それに，動画視聴は，本書を読むまでもなく，皆さんの

頭にすぐ思い浮かぶやり方だと思います。動画コンテンツはもちろん１つの手段として考慮しつつ，本書ではあくまで参加や学び合いの要素を取り入れたプログラムをメインに考えます。

④　質疑応答

　次に工夫を取り入れられる箇所は質疑応答です。多くの企業・組織では，レクチャー後に「ここまでで質問はありますか？」と尋ねても大抵は何も出てきません。出てきたとしても「ああ，また目立ちたがりのあの人がややこしい質問をしているよ」となるのがおちです。

　一方で，その他の人たちは一切疑問を感じていないかというとそうでもありません。となると，思い浮かんだ疑問を気楽に口に出せる場を設けることが重要になります。隣の人や４〜５人のグループで疑問を出し合う時間を数分取り，「これだけは訊いておきたいという質問を出していただけますか」とお願いすれば，大事な質問が出てくる可能性が高くなります。

⑤　考える時間を取る

　さらに，考える時間を取りましょう。「一般論はこうだけれど，これを自分の会社や業務に当てはめたらどうなるんだろう」といった自分たちとの関係を考えてもらうようにします。発表はなくてもよいのです。我が身に置き換えて考えることで，内容を自分ごととして理解できます。

⑥　意見交換／議論

　そのうえで，考えた内容を他の学習者と意見交換／議論できれば完璧です。自分には思い浮かばなかった新しいものの見方に触れられ，それによりさらに理解を深めることが期待できます。まさにちょっとした学び合いが実現します。

⑦　充実したプログラム例

　…というところまで欲張ってみたのが，図表３－２のプログラム例です。学習者の参加度合い，学習者間でのやり取り度合いが増えた，ワークショップ形式になっています。

| 図表3－2 | 「まず理解」型のプログラム例② |

時間目安	セッション	具体的内容や工夫
事前	自己学習	・予備知識のための数ページの読み物
3分	オリエンテーション	・本日の趣旨説明 ・可能ならば，社内のサステナビリティ推進部長や担当役員，社長などの重みのある人からの挨拶（長くならないように）
25分	レクチャー①	・予備知識も踏まえた簡単なクイズからスタート ・（例）サステナビリティ経営とは，当社にも求められる背景，CSRとの違い，当社の成しうる貢献をビジュアル等もうまく利用して説明
15分	質疑応答	・3分ほど近くの人3～4名で疑問点を共有 ・挙がってきた疑問の中から「どうしてもこれだけは訊いておきたい」という疑問を選んでもらって質疑応答
20分	レクチャー②	・（例）当社の活動と密接に関連するSDGsのゴールの解説，今後社員の皆さんにお願いしたいことの提示
13分	グループディスカッション	・自分の所属する部門とどのようなつながりがあるのかを討議
12分	全体共有	・グループディスカッションでどのような意見が出てきたかを共有
2分	クロージング	・参加へのお礼，結言

　当然，もともとの簡潔さ最優先のプログラムよりは時間がかかりますので，時間の制約との兼ね合いで，どこまで欲張って工夫するかは考えてください。短い時間・少ない労力で済むが他の説明会と大差ない，印象の薄い場を社内展開するか，それとも若干負荷が大きくなりレクチャーで詰め込める分量は減るが多くの人にしっかり理解してもらうか，を天秤にかけてください。

　少なくとも「60分あるから外部から先生を呼んで55分レクチャーしてもらおう」と反射的に考えるのではなく，インプットする知識の量を求める場面なのか，量は少なめになってもその分しっかり印象を残してもらうことを求める場面なのか，熟考したうえでプログラムを考えましょう。

　なお，学習者の属性に応じて，味付けを変えることも必要になってきます。例えば，新人向けであれば，自己学習の分量をもっと増やせますし，しっかり発表してもらい最後の全体共有の時間を延ばすべきです。一方，取締役層向けになると，ワークショップ形式では抵抗感のある人が多いでしょうから講義形

式にして，さらに内容に権威付けをするには外部有識者によるレクチャーを加えたほうがよいかもしれません。また，初歩的な疑問を口に出しにくい雰囲気を和らげるために，事前に社長に，当日素朴な疑問を挙げていただくよう根回ししておくという作戦も必要になってきます。

(2)　レベル2「考えを深め，自分ごと化」型

この型では，ESG/SDGsとは何か，といった一般的知識はすでにクリアしており，テーマを絞ってより深く考え，自社や自分たちの活動にどのように落とし込めるかまで考えるところに主眼があります。言い換えれば，「まず理解」型では関連書籍やウェブ，社内資料に載っている内容が主役でしたが，「考えを深め，自分ごと化」型では，それらを出発点として自分たちとのつながりを考えることが目的となります。

そうなると，学習者にどれだけとことん考えてもらえるかがプログラム設計時の注力点です。その際の大きなポイントは「考える流れを設計する」，「考え・議論する時間を優先する」，「考え方をインプットする」，「議論を楽しくする」，「レビューする」，「人間関係を作っておく」であると考えます。

①　考える「流れ」

考える「流れ」というのは，例えば，まずは長期的な世の中の動きから入って，今後の重大な社会課題を抽出し，次に自社の特質を押さえ，その後に，自分たちの事業や活動に落とし込んでいく，という順番のことです。この順番をめちゃくちゃにしてしまうと，後の議論がしにくくなったり，発想が広がらなかったりします。最終的に何を考えてもらいたいのかを踏まえ，適切な議論のステップを設定することがとても重要です。

②　インプットの考え方

次に，プログラム立案サイドとしてはどうしても気合が入って，インプットの時間が長くなりがちになることを自戒しましょう。トータルの時間を勘案し，学習者が考え，議論するための時間の確保を優先してください。ここでも読めばわかる類のインプットは事前に自己学習してきてもらうのが有効です。

一方，この型では，中身ではなく考え方をインプットする必要が出てきます。

白紙状態ではなく，ある程度考える方法をガイドしてあげたほうが学習者も実り多い思考・議論ができるからです。代表的な例としては，社会的インパクトと自社の活動をつなげるロジックモデル³というフレームワークや，ブレーンストーミング❶の際の進め方のルール・コツといったものが挙げられます。

③ フレームワークの活用

　もう１つ，議論を活発にするために，議論を楽しくする工夫も取り入れましょう。世の中には，ついつい議論が楽しくなってのめりこんでしまうような

時間目安	セッション	具体的内容や工夫
事前	事前課題	• 今後の世の中の動向を記述した「情報カード」を読み，会社にとって重要な事項，自分の業務にとって重要な事項を２つずつ選択
10分	オリエンテーション	• 本日の趣旨，全体の流れと時間の使い方，参加の心構えを説明
15分	レクチャー①	• SDGsの最近の動向を知る SDGsの基本は知っている人たちなので，興味を喚起できるトピックスを提供
15分	レクチャー②	• 「自分の仕事はSDGsにどう貢献しているか？」を考えるためのロジックモデルという思考法を解説
45分	グループワーク①	• 大急ぎでグループ内で自己紹介 • 事前課題を共有 • 「この先，世の中にどのようなことが起きそうか？」を考え，年表として表現
10分	休憩	
20分	全体共有	• 各グループから発表
30分	個人ワーク	• 「SDGs達成に向けて自分に求められている行動は何か？」をロジックモデルを使って考察。ワークシート活用
10分	休憩	
25分	グループワーク②	• 個人ワークを１人ひとり共有し，他の人から気づきや示唆を提示
15分	レクチャー③と小考察	• 職場で影響力を発揮するには？　〜リーダーシップを取る方法
20分	振り返り	• この３時間半で印象に残ったことを，全員一言ずつ共有

図表３－３　「考えを深め，自分ごと化」型のプログラム例

議論のフレームワークが多々あります。それを活用するのです。

　議論した後に必要なのはレビューです。限られた時間内でグループ討議して，作り上げたアウトプットは，しばしば抽象的な表現に終始していたり，特に新鮮さがない内容になっていたりするものです。討議した内容を全体で共有したら，それに対して温かい目と厳しい目の両方を持って，他の人が冷静にフィードバックし，それを基に考え直してみることが重要です。

④　自己紹介が重要

　議論を活発にするにも，温かくも厳しいフィードバックをするにも，学習者同士の人間関係をある程度耕しておくことが求められます。「まず理解」型では省いていた自己紹介が，この型では重要になってきます。時間が許せば丁寧に自己紹介しておきたいところです。時間的に難しくても，必ずお互いを知る時間を取るようにしましょう。

(3)　レベル3「他者と対話する」型

　自分が当たり前だと思っていたことをいったん手放して，新しいものの見方を自分の中に取り入れられるようになるために，他者との対話を用いる型です。

　流れ自体はシンプルで，まずは学習者がこれまであまり知らなかった（知っているつもりになっていた）内容を，その内容の当事者（ステークホルダー）から直に語ってもらうという形でインプットします。次に，それを受けて，学習者側が質問をしたり，その内容を聴いてどう思ったか素朴な感想を語ったり，自分の中に湧き起こってきた気づきを語ったりしたうえで，いくつか重要な問いを提示してそれについて全員で対話（ダイアログ[4]）をしていきます。

①　どのステークホルダーを呼ぶか

　まずもって大事なのはテーマと「どのステークホルダーを呼ぶか」です。わかりやすい例としては，投資家が本音のところでは各企業のESG経営をどのような観点で見ているのかを知りたければ，投資家を呼ぶことになります。あるいは，首都圏に本社を置く大企業が地域の発展にも資する事業を展開しようと考えているときには，地方の有力企業や自治体や地域住民，あるいは関連NPOが有力な候補になるはずです。図表3－4によくある例を示しておきます。

図表3-4	投資家以外のステークホルダーの例

- ダイバーシティ推進を考える→女性，外国人，障がい者
- Z世代の発想を取り入れる／欲求を知る→学生等若い世代
- 事業と地域の裨益の両立を考える→地域住民，地方企業，自治体
- 自社に眠っている先駆的な取り組みや人材を発掘する→自社社員
- ある特定の社会課題の実情を知る→NPO/NGO，関連団体
- 自社に資源を提供してくれる上流を知る→サプライヤー，さらに上流

② 「ここがどういう場なのか」を認識する

　次に大事なのは，ダイアログに参加する人たちが「ここがどういう場なのか」を認識することです。ダイアログは，皆で「議論をして，決着をつける」場ではありません。1人ひとりが新しいものの見方に気づければ，結論は出なくてもよいのです。私たちは，話し合いというと何らかのまとめや結論が必要だという暗黙の前提を持ってしまっています。前もって，今回は結論を出すのではなく，自分の感じた・思ったことを素直に口に出せばよい場であることを参加する人によく伝えておく必要があります。

③ 何を深く突き詰めて考えるのか

　3つ目の重要なポイントは「問い」です。何を深く突き詰めて考えるのか——ふさわしい問いを事前に想定しておきます。例えば，ESG経営について投資家からの生の声を聴いても，普通に語っているだけでは本当に考えてほしいところから思考が逸れてしまう可能性があります。そこで「私たちが真にサプライヤー側の人権問題を重く受けとめるなら，どのような行動に着手すべきか？」とか「私たちの謳っている人的資本経営は本当に社員の活躍と成長につながっているのか？」といった具合に，普段目を逸らしている箇所に思考を向ける，いわばズバッと斬りこむ問いを用意しておきます。

④ ファシリテーター

　4つ目はファシリテーターです。自分の思ったことを素直に口に出せばよいとはいっても，学習者間で力関係（上司↔部下とか，頭の回転が速い↔のんびりしているとか，多数派↔少数派とか）があると案外しゃべりにくいものです。

　また，今焦点を当てたい箇所から話がずれてしまったり，大事な問いが出てきたのに皆が気づかずスルーしてしまったりすることもあります。

　それを緩和・防止するのがファシリテーターです。さらにファシリテーターの物腰や声のトーン，あるいは，全員の意見を丁寧に受けとめようとする姿勢そのものが，発言しやすい場を作り出します。自分が雄弁に語るというよりは，皆の発話を促し，同時に大切な問いに皆が集中できるように話し合いを進める「第三者」が重要になってくるのです。

⑤　ほぐしのステップ

　最後に，全体を通して，ダイアログに身を投じている人たちを急かさない，あるいはその人たちに変化を強要しない「丁寧さ」，「優しさ」が首尾一貫して存在しているべきです。いきなり「あなたの持っていた先入観は何か」，「自分のどのような考え方を変えるべきか」と問い詰められても余計にかたくなになるばかりです。心を開いていくには「ほぐしのステップ」が必要です。まずは自由に口を開き，次に持論をしっかり語って，そのうえで自分を見つめ直す時間を設ける——そういった流れを作ってください。結果的にトータル時間はどうしても長めになり（最低でも2時間），参加人数もあまり多くできませんが，それは対話の場ではやむを得ないと考えます。

⑥　ステークホルダーダイアログ

　このようにステークホルダーからのインプットをもとに，対話で，新しい気づきや，自分が変えていくべき古い考え方を探っていく営みを「ステークホルダーダイアログ」と呼んでいます。図表3−5に，典型プログラムを示します。もちろんステークホルダーを呼ぶのではなく，こちらから出向いていってもよいですし，近年ならオンライン上で開催するのも一法です。このプログラムは，一般社員よりはむしろ経営層に対して実施することが多いプログラムです。

図表３－５	「他者と対話する」型のプログラム例

時間目安	セッション	具体的内容や工夫
事前	事前レクチャー	● 今回の趣旨は何か？　ダイアログとは何か？　どのようなスタンスで参加していただきたいか？　を，参加者１人ひとりに説明。所要時間20分程度
	当日の場のしつらえ	● 普段の会議室とは違う，少しゆったり感のある会議室を準備 ● 机は置かず，椅子だけを円形に配置
5分	オリエンテーション	● 本日の趣旨，全体の流れと時間の使い方を説明
15分	チェックイン	● 何か簡単なテーマで全員ひとり一言ずつしゃべる
5分	イントロダクション	● 今日扱うテーマに関する基本知識，最新動向を紹介
20分	ステークホルダーからのお話し	● お呼びしたステークホルダーから話題提供
70分	ダイアログ	● まずは感じたことを全員一巡話し，その後は話したいことを話したい人が話す ● ステークホルダーも適宜参加OK ● 途中から深く掘り下げたい部分に焦点を当てて対話
20分	チェックアウト	● このダイアログで何が印象に残ったか／何が新しい発見だったかを全員が話す

(4)　レベル４「他者になる」型

　新しい物の見方を自分の中に取り入れるには，対話以外に，自分で体感するのも有力な方法です。基本は(3)と同じで，誰かを呼ぶのではなく，扱うテーマに応じてふさわしい現場に自分の身を投じる要素を入れます。具体的には，見学し，関係者に取材をする「インタビュー」，少し時間をかけて徹底的に見学をする「観察」，自分がその一員となって一定時間を過ごしてみる「体験」が考えられます。要はフィールドワークです。

　漫然と体感するのではなく，余計な仮説を持たずにピュアな心で発見したことや気づいたことを書きとめていくことが重要です。効果的に進めるためにより専門的な方法論が知りたい方はぜひ専門書❷を当たってください。

　また，自分の先入観と現実とのギャップを際立たせるために，観察・体験する「前に」，対象について自分がどのようなイメージを持っているのかを言葉に出しておくのも効果的です（図表３－６）。

図表3-6	「他者になる」型のプログラム例

時間目安	セッション	具体的内容や工夫
事前	体感方法の段取り	• 扱うテーマにふさわしい体感方法を考え，実施方法を企画・手配 （例：地方創生を考えるために，限界集落での暮らしを体験）
20分	オリエンテーション	• 本取り組みの意図，全体の流れを説明 • 体験対象の説明（あまり説明しすぎると先入観につながるので，概略を）
20分	意見交換	• 今回の体験対象について，自分たちが今持っている印象を意見交換
10分	体感準備	• 体験・フィールドワーク実施のポイントを解説
	体験	• 体感と記録
30-120分	ダイアログ	• どのような事象に気づいたか，何が新たな発見や気づきだったか，を語り合う （どこまで深めるかは状況次第）
5分	クロージング	• 今回の体験をどう活かしていってほしいか，当初の意図を再確認

　現地に赴くことが困難ならば，VR（Virtual Reality）の技術の活用を一考してみてはどうでしょうか。見たいところをじっくりと見られますし，「もう一度観てみよう」が可能なのも魅力です。

　学習者が興味や新しい気づきを持ってくれればよいというゴールの場合にはこの体験型のみを実施することになります。一方で，後述する新事業を考えるケースでは，対象とする社会課題の実情や，想定顧客の置かれた状況をしっかり理解するという位置付けで，この体験型を一連のプログラムの中の1つのパーツとして埋め込むとよいと考えられます。

⑸　レベル5「事業創案」型

　この型は，1人ひとりの自分ごと化を超え，会社・組織がESGに資する，あるいは社会課題解決に貢献しうる事業として何ができるかを考えようというものです。いきなり「こんな事業がよい」という案は出てきません。将来の社会変化やそこから見えてくる社会課題，自分の会社が力を発揮できる領域，本当

の困り事の突き止め，事業を構想する際に押さえるべきポイントなど，さまざまな角度からのインプットや検討が必要で，プログラムも必然的に複数日，長期間にわたるものになります。

①　外部視点と内部視点

　事業を考える際には外部視点と内部視点の突き合わせが必要になります。外部視点では，自社のことはひとまず脇に置き，私たちを取り巻く社会・環境がどのようになっていって，何が重要課題となってくるのか，どのようなニーズが湧き起こってくるのかを考えます。

　一方，内部では，自社の現在の事業，特徴や経営資産・強み，あるいは自分たちの「らしさ」を見つめ，どのような領域で力を発揮できるのかを考えます。

　議論のステップを設計するうえでは，どちらを先に持ってくるかが考えどころです。通常は，「(2)「考えを深め，自分ごと化」型」でも述べたように，外部の考察を先に置きます。先に内部の検討を持ってくると，その後，どうしても「自社にできそうなこと」に目が向いてしまい，世の中の動きや事業アイデアを狭い視点で考えがちになるからです。

　とはいえ，社会人になって以来，10〜20年先の社会など考えたこともない学習者が揃った場合には，最初から「社会の将来像を考えてみよう」と提起しても誰もほとんど口を開けず，皆で考え，語り合う場を作るうえで出鼻をくじかれる格好になります。皆が語りやすい「うちの会社ってどんな会社なんだろう」という内部視点から入っていったほうが進めやすいでしょう。

②　バックキャスト発想

　将来の社会変化の考察では，直近2〜3年，次に5年後，その次に10年後…と，現状の延長線上で考える（フォーキャスト発想）のではなく，はじめから10年後，20年後に発想を飛ばして，将来の世の中やそこで起きている課題を想像するバックキャスト発想で考えるようにします。

　検討が進むにつれ，考察する対象に関する理解を深める，あるいはその対象について学習者が持っている先入観をいったんリセットする必要が出てきたら，(3)，(4)で紹介したような「対話・体験」の要素をプログラムの中に組み込みます。そのうえで，この社会課題において本当に解決すべきポイントは何なのかを特定します。

③　必要なインプット

　これらの検討を踏まえて事業案を創出することになりますが，事業を考えた経験のない学習者の場合には，ある程度の知識やスキルをインプット，あるいはトレーニングする必要も出てきます。ここでは典型的なものを4つ挙げておきましょう。

　まず，社会課題解決に貢献するといっても慈善事業をしようというわけではありません。自社も適正な収益を上げられなければ，持続的な貢献はできません。このあたりの考えの整理をする目的で，CSV（Creating Shared Value＝経済価値と社会価値を同時に追求して実現すること）[5]の考え方と，CSRとの違いはしっかり理解しておく必要があります。

　次に，何を記述すれば事業について考えたことになるのかという知識は必須です。単に「エネルギー事業」と書いただけでは，どのような事業をするのかが具体的にはわかりません。「事業」を記述するには最低限「顧客」，「提供価値」，「ケイパビリティ」，「収益構造」が必要となる[6]——そういった基礎知識が必要です。

　もう1つは，考えようとしている領域における事業事例です。事例を知らずにゼロベースで事業を構想すると，後になって「そのような事業はすでに他社でやっているよ」と判明することも多く，すでにどのような先行事例があるのかを知っておくことは有用です。

　最後は，皆でアイデアを出して形にしていくための，ブレーンストーミングやプロトタイピングといった方法・スキルです。

④　外部協働の可能性

　次に大事なのは，外部協働の可能性の探索です。これまでに存在していなかった社会貢献事業ほど，自社だけではできず，外部パートナーと手を組んで初めて実現できるものになるケースが多いはずです。事業を考えるときに自前でできるかどうかにあまりこだわらず，むしろ「この事業は誰と組めば実現できるのか」を積極的に考え，実際にその人・組織に会いにいってともに事業を考えるぐらいの場面まで織り込むと良いプログラムになるでしょう。

⑤　トップマネジメント層のコミットメント

　さらに，2つの重要なポイントがあります。1つはトップマネジメント層の

コミットメントです。「事業を考えて終わり」で，せっかく考えた事業が会社の方針に何も影響を与えないのでは学習者のモチベーションは上がりません。トップが，検討の結果出てくる提言に，そして，学習者たちの成長に，期待しているという姿勢を見せることが必須です。プログラムの冒頭でトップが思いを語るのはもちろん，検討の途上で意見交換したり，最終提言で厳しくも温かいフィードバックを返したりという要素を織り込むべきです。また，学習者がそれ相応の時間・労力を投入することを考えると，学習者の上司に対しても意義を説明して，了解・協力を取り付けておくことも重要です。

⑥　WILLに基づいた原動力

　もう1つの重要なポイントは，全体を通して，学習者本人の「やりたい」思い＝WILLを大切にすること，本人たちに常にWILLを認識させることです。サステナビリティが考え方の転換を要求する以上，出てくる事業アイデアも必然的に「そこまでやるの？」という周りからの疑問・反発にあうケースも多くなります。それでもその事業をやろうと思える，そして，周りの人にやろうと訴えられるには，「将来社会がこうなっていくから我が社はこのような事業をせ"ねばならない"」というMUST発想だけでは足りず，「これを"やりたい"」，「こんな社会に"したい"」というWILLに基づいた原動力が必須だからです。

　以上のポイントを踏まえたプログラムの一例を図表3－7に載せておきますが，これをそのまま流用するのは難しいでしょう。テーマ，達成深度，時間制約等の前提条件に応じて，皆さんなりのアレンジを加えてください。

図表3－7　「事業創案」型のプログラム例

1　コンセプト創案

- 基礎知識インプット
  - ・サステナビリティとCSV
  - ・アウトカムとロジックモデル
  - ・ファシリテーショントレーニング
- 自社の事業，これまでの社会貢献活動の振り返り
- 自社の強みと「らしさ」の抽出
- 未来年表：20年後の社会の姿の描画
- 課題選定：当社が着目すべき社会課題の特定

2　事業テーマ案創出

- 社会課題の理解①
  - ・特定した社会課題に関するデスク調査
  - ・現場体験，観察とインタビュー
- 社会課題の理解②
  - ・調査結果の集約
  - ・課題の構造理解
  - ・真に解決すべきポイント特定
- 事業テーマ案創出
  - ・ブレーンストーミング
  - ・事業構想フレームワーク理解
  - ・プロトタイピング

3　事業案の深掘り

- パートナー，コミュニティ探索
  - ・事業プロトタイプをベースにした外部協働候補先検討
  - ・候補先への事業テーマ案の持ち込みと共同検討
- 運営スキーム検討
  - ・事業モデル，収益モデル
- 事業テーマの効果/拠出試算と優先順位付け
- プレゼンテーショントレーニング
- 検討結果の経営層への発表と，経営層との討議

4　事業企画策定

- コンセプト練り直し，事業案の精査
- 行動計画策定
  - ・スケジュールとToDoリスト
  - ・フォースフィールド：実現するためのハードル特定と乗り越える策の創案
- リーダーとして，自分たちがこれから何をするのか省察
- 経営層への提言（可能なら，投資意思決定にまで持ち込みたい）

3 ┃ プログラム設計の着眼点

　ここからは自分で学習の場をアレンジする／プログラムを設計するうえで，どのような考慮・工夫をしていけばよいかについて解説します。

　まず，学習の場はどのような要素から構成されているのかを押さえましょう。学習の場は，図表3−8に示すように，「テーマ」，「ゴール／アウトプット」，「メンバー」，「インプット」，「プロセス」，「ツール」，「ルール」から成り立っています。

図表3−8　学習の場を構成する要素

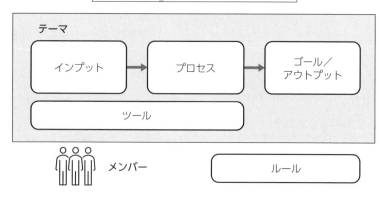

(1)　テーマの設定

　サステナビリティ人材育成といっても，サステナビリティに関わることなら何をやってもよいというものではありません。ざっくりとでもよいのでどういう領域，範囲で学習の場を作るのかという，テーマを決めるのが出発点です。例えば，以下のように名詞でも動詞でもよいので，何をしたいのかを言葉にしましょう。

- SDGsの理解
- SDGsを社員が自分ごと化する
- マテリアリティの実践
- 経営層にサステナビリティ経営で何が変わるのかを理解していただく
- 当社が取り組むにふさわしい社会貢献事業創案

- サステナビリティに軸を置いた中期経営計画の具体化
- ダイバーシティ推進
- サプライチェーンの全体像理解と課題発掘
- 将来の経営を考えられる中堅育成　など

(2)　ゴール／アウトプットの明確化

次に，この学習／育成プログラムで何を達成したいのか（＝ゴール），あるいは何を結果として残したいのか（＝アウトプット）を明確にします。ゴールによって，適したメンバーや，必要なインプット，効果的でかつ実行可能なプロセス等々が決まってきます。この際，なるべく具体的な言葉で記述すること，そして，本来達成したいのは何かを突き詰めることが重要です。

例えば「サステナビリティの意識を浸透する」といった表現では不十分です。「浸透した状態」がどのような状態なのかが漠然としていますし，浸透することは目的なのではなく，通過点にすぎないからです。「参加した人が，SDGsとは何か／当社にとってなぜ必要なのかを知ったうえで，自社の事業および自分の業務とどのような関わりがあるのかを理解できている」といったように丁寧にゴールを描きましょう。

(3)　メンバーの選び方

①　学習者

学習者は，扱うメインテーマ，達成したいゴール，そして，育成したい対象に即して選ぶことになりますが，その際，検討の観点がいくつかあります。考えるうえで必要な知識をどこまで持っているのか（例えば「SDGsのゴールには17個あります」という説明が要るのかどうか），どのような専門性を持っているのか，年齢層や人生経験はどの程度か，発散型／理詰め型等どのような特質を持ったメンバーを集めるか，諸々をひっくるめた多様性をどの程度確保するか，総人数をどれぐらいにするか──といった観点です。どこに人材がいるかわからないので，網を広げて多めに集める場合もあるでしょう。

学習者の特質によって実施規模もさることながら，この後のインプットやプロセスが大きく影響を受けます。例えば，発想豊かで元気のいいメンバーなら

盛り上げにあまり苦労はしませんが，逆に，上からの命令指示を真面目にこなす社会人人生をずっと歩んできたメンバーの場合は，自由に感想や意見を言い，アイデアを考えられるようになるまでに，相当な時間数とインプットやトレーニングが必要になってきます。

②　サポートする人物・部署

　次に，学習者をサポートする登場人物・部署も考えておく必要があります。

　特に重要なのは社長・経営層です。経営層がプログラムに関わることで，学習者は経営の真剣度や自分たちにかかっている期待度を感じ取ります。また，自分たちの考えや決意を経営層に上げ，それが自社の経営に影響を与えうることになれば俄然やる気や真剣度も上がります。経営層側も，最終的な提言だけを聞くよりは，途中の議論の経緯も垣間見ておくほうが学習者の思いや切迫感を，親身に，精確に受け取ることができます。

　それ以外では，テーマに応じ，中期経営計画を念頭に置いて考える必要があれば経営企画，社内の組織運営に焦点を当てたいなら管理部門，新規事業を考えたいなら開発部門，学習者1人ひとりの成長のフォローが重要なら人事部門，といった具合に誰を巻き込むかを決めていきます。

⑷　インプット──学習する中身と提供方法

　インプットについては，学習する中身そのものと提供の仕方の2つの側面から考えます。

①　学習する中身

　まず中身は，以下の6つに大別できます。

- (a)　サステナビリティ/ESG/SDGsに直接関わる情報
- (b)　将来の世の中を考えるための情報・材料
- (c)　自分から遠い存在を実感をもって捉えるための材料
- (d)　テーマに応じた特定分野の専門知識
- (e)　経営学の諸分野の知識
- (f)　思考や協働のための方法論

(a)は後ほど触れましょう。

(b)は，将来の世の中を考えるために，現時点で起こっていることや言われていること——事象・事件，動向，オピニオン，ロードマップ等，ニュースや調査レポート，インターネット，書籍・刊行物で発信される情報です。中でも「今，世の中でこんなことが起こっていたのか」と新鮮さをもって学習者に受けとめてもらえるような内容が重要になります。

(c)は，頭だけでなく，深い実感をもって理解・共感に至るためのインプットです。例えば，今の大学生の考え方を調査したアンケート結果よりも，実際に大学生の生々しい声を直に聴くほうがはるかにしっかりと実感できるでしょう。あるいは，車椅子の人の困りごとをまとめたレポートよりも，自分で車椅子に乗った体験のほうが，本当の困りごとを発見・理解できることも多いのではないでしょうか。

ここでは，実際の声や映像を視聴したり，あるいは取材，観察，実体験等，自分の知らない世界にこちらから飛び込んだりするような活動が役に立ちます。最近技術が進展してきたVRの活用も一法です[7]。

次に(d)です。例えば，漁業資源の持続性の課題を考えてみましょう。魚が食卓に並ぶまでの一連のサプライチェーンがどうなっていて，どのような課題があるのか，また，魚はどのように繁殖するのか等をかなり詳細に知っておかないと妥当な解決策を考えることは難しいでしょう。地方のエネルギー問題を考えるときでも同様です。扱うテーマによって，ある特定の分野の専門知識が必要になってきます。

(e)は経営学系の知識です。社会課題解決に資する事業を考えようとすると，「事業」というものがどういう構成要素から成り立っているのか，競争優位を築くための要因にはどのようなものがあるのかを知っておく必要があります。あるいは，社員の働き甲斐を考えるならモチベーションに関わる経営理論は知っておいたほうがよいでしょう。どこに焦点を当てるかに応じて必要な経営知識を学習者にインプットする必要が出てきます。

最後の(f)は「自分で考える」，「皆と協働する」ことを可能にするための方法論です。後述するロジックモデルは，目の前の活動がどのような社会的インパクトにつながるかを考えるための重要な思考法です。また，ファシリテーションやリーダーシップ論は，皆と協働するための考え方やノウハウを教えてくれます。

このように，サステナビリティに関する情報だけをインプットすればよいのではなく，他に必要なインプットがないかを幅広く考えます。

② 提供の方法

2つ目の側面は提供の仕方です。

多くはその場でのレクチャーになると思われますが，それ以外にも選択肢を広げておきます。「自ら動く」という人材要件に照らし合わせれば，自発的に学ぶという姿勢を要求してもよいでしょう。つまり自己学習です。課題図書を読む，事前に録画したレクチャー動画を視聴する，事前に情報に目を通し考察してくる，1人ひとりが取材をしてくる等が考えられます。これは，皆で集まる時間を有効活用するうえでも有用です。

次にレクチャーの仕方にもいくつかあります。(i)一方的に説明する，(ii)所々問いかけも含めながらインタラクティブに説明する，さらに(iii)時折グループ討議／演習を織り込む，と大きく3つの方法が考えられます。説明サイドからみて一番楽なのは(i)ですが，自ら考える／学び合うことを奨励しておきながら，レクチャー時には黙って受け身で聴けというのも一種の自己矛盾です。どこでどのような問いかけをするか等の事前仕込みは大変になりますが，できる限りインタラクティブなレクチャーになるよう尽力します。

最後に「誰が」レクチャーするかです。内容に重み（権威）を持たせるためには，サステナビリティ推進室の課長がよいのか，社長がよいのか，外部有識者や先生がよいのか，外部の当事者本人がよいのかを考えたうえで実現可能性のある選択肢を選ぶことになります。

⑸ プロセス──何をどのような順番で，どのように行うか

何をどのような順番で，どのように行うのかを設計するのが「プロセス」です。トータルの時間や期間を前提に置きながら，以下の要素を時系列に並べます。

① 何をするか？（セッション）：オリエンテーション，自己紹介，レクチャー，個人考察，グループワーク，全体発表など

② その狙いは？：全体像を理解してもらう，お互いを知る，自分たちがまだ知らない現実を知る，自由に感想を言い合う，など

③　各セッションで使える時間は？
④　投げかけるべきメインとなる問いは？
⑤　使うツールは？（次項で説明）
⑥　環境は？：場所，会場設定，使う小道具（模造紙，付箋等），音楽等

　いきなりプロセスの細部から考えるとしばしば行き詰まります。まずは骨子となるラフなセッションの流れを考えます。次に少し欲張り発想で，学習者の立場に立ち「あれもこれも要るよね」，「ここまでできたらいいな」と細部の肉付けを行います。そうすると大抵はてんこ盛りの「到底時間内には収まらない」というプロセスができ上がりますので，余計なものや重要度の低いものを思い切って削り，絶対に残したいパーツに絞り込んで完成させます。
　図表3－9に示すフォーマットを埋めるように考えるとよいでしょう。参考にしてください。

図表3－9　プロセス作りのフォーマット

時間	セッション	狙い	問い	ツール	環境
事前	自己学習	基本知識を頭に入れておく	今後10年で何が起こりそう？		
5分	社長挨拶	社長の自分たちに対する期待を受けとめる			1島5名ずつで座席配置
10分	オリエンテーション	今日1日の使い方を押さえる			
30分	自己紹介	まずは互いを知る参加意欲を高める		私の取扱説明書	
40分	当社のサステナビリティ方針の説明質疑含む	当社の方針についての共通認識をつくる			
90分	グループワーク	自分たちの置かれた事業環境を理解する	自分たちにとっての機会／脅威は何か？	未来年表	壁に模造紙貼り付け
…	…	……	……	……	……

⑹　ツールを使う

　設計したプロセスに沿って，いろいろと考えたり，協働作業したり，アウトプットを作成したりする際，何の制約も設けず自由な方法で行うこともできますが，何らかの「型」をベースにしたほうが取り組みやすいことが多いといえます。

　例えば，今後の世の中の大きな動きを押さえたいときには政治／経済／社会／技術という観点のセットを用いると便利です。有名なPESTというフレームワークです。さまざまな解決策のアイデアを出して，その中から効果があって，かつ，やりやすい策を選ぶのに便利なペイオフマトリクスというフレームワークもあります。考える対象や場面に応じて，ぴたっとはまるフレームワークを活用すると議論・作業が行いやすくなります。

　一方，狙いに応じて実施するワークもあります。数例を紹介すると以下のとおりです。

流れ星
進行役が「まず流れ星を描いてください。次に月を。そして地上には月を見上げる猫…」といった具合に話す内容を学習者1人ひとりが手元でスケッチにしていきます。でき上がったら，学習者同士で見せ合い，同じ言葉でも受け取り方が実に多様であることを体感します。

財布の中身
財布から1つアイテムを取り出し，それに関連づけて自己紹介をします。ありきたりな自己紹介にならず，しかも，その人の普段の生活や人柄が意外によく見えてきます。

未来新聞
数年後に自分たちが新聞の一面を飾ったと想定し，それはどのような記事なのかを模造紙に表現します。でき上がった記事には，自分たちが大切にしていることや目指す姿が滲み出てきます。

　こういう1つひとつのワークをアクティビティと呼んでいます[8]。狙いを達成するために，参加者が行う活動単位，これ以上細かく分けてもあまり意味のない，1つの活動のまとまりをアクティビティと考えてください。各セッションを構成する1つひとつの具体的部品と理解していただいてもよいです。

　「ディスカッション」も1つのアクティビティ，「発表・共有」も1つのアク

ティビティですが，さらに工夫が織り込まれていて，なるべく楽しく取り組め，自然と協働が湧き起こり，しかも成果が期待できるアクティビティ（例えば「我々のビジョンは何でしょうか？　議論してください」といわれるより，未来新聞のほうがやりやすくないですか？）が先人によってたくさん考えられています。もちろん自分の頭で創作してもよいのですが，多くの人に使われて今でも残っているアクティビティにはやはりそれなりの良さがあり，活用する価値は十分にあります。

　(4)のインプットや(5)のプロセスにおいて効果的に使えるフレームワークやアクティビティはないか──それを考えるのがツールという視点です。

⑺　ルールを決めておく

　最後に，学習者がどのような心構え，決めごとで参加するかを規定するのがルールです。例えば，部門横断的に役職の上下関わりなく集まったメンバーでプログラムを進める場合，会話の中には「え？　○○部門でそんな話が進んでいるの？」といったトップシークレットが出てきてしまうこともあります。そうなると「ここで出た話は他言無用」という共通ルールを定めておく必要があります。

　他の例では，何か解決策を口に出すとすぐに「じゃあ，君がやれ」という展開になる職場では，皆，自分に火の粉が降りかからないようにアイデアが思い浮かんでも口をつぐむようになってしまいます。この場合には「『言い出しっぺがやれ』は言わない」というルールを最初に決めておきます。

　他にも典型的なルールを挙げておきますので参考にしてください。

- この時間は上下関係を忘れる（例：米軍「入り口で徽章を外せ」）
- 他人の意見をよく聴く。ただし，勇気をもって反対意見も表明する
- 自分たちの常識や思い込みをぶち壊そう
- 「できる／できない」の議論はあとに回す

　ただし，ルールはあまりたくさんあっても忘れてしまいます。本当に大切なルールに絞って，2〜5つぐらいを提示するのが現実的です。また，ルールも主催者側から設定して提示すると，何となく説教臭く，押し付けられた感じになってしまいます。学習者本人にルールを決めてもらうという方法もあること

を覚えておきましょう。

　以上，学習の場を設計するうえでぜひ考えておきたい要素を挙げました。オリジナルの学習プログラムを創案するときに，第4章の実際のイメージと併せて役立ててください。

4 ┃ 重要度の高い構成要素

　ここでは，サステナビリティについて学習するうえで特に重要になる，言い換えれば，利用頻度の高いプログラム構成要素（インプット，アクティビティ，思考のベース）を取り上げ解説します。

(1)　サステナビリティ/ESG/SDGsに直接関わる情報

　まず自分たちの学びたいテーマに応じ，第1章で解説した項目から重要度の高いものを選び，歴史や，国内外の最新動向あるいは事例をインプットしたいのはいうまでもありません。例えば，気候変動を主に扱いたい場合には，TCFD関連の知識や動向が必要になってきます。

　また，学習者の知識レベルによっては，ESG/SDGsとは何か，CSVとは何か，それらと従来のCSRとの違いは何か，といった入り口を押さえることも必須になります。これらは，書籍やネットに掲載されている情報で十分カバーできます[2,3,5,3,4,5]。

　さらに，自社の方針がある程度定められていて，それを前提に考察したい場合には，例えば，自社がどのようなサステナビリティ方針を掲げているか，統合報告書がどのような内容要素から成り立っているか[6]，マテリアリティとは何か，事業環境認識とリスク／機会の考え方といったこともインプットしておきます。

(2)　未来像から考えるバックキャスティング

　私たちはたくさんの「目の前の問題」に囲まれて生きています。そして，それらに対し数々の対処策を施し，その蓄積の結果として現在の社会の姿ができ上がっています。では，その社会がどんどん良くなっているかというとそんなことはありません。だからこそサステナビリティとか社会課題解決などといわれているのです。これは，目の前の問題に対して個別最適な解決策を考える思考だけでは，サステナビリティに関わる課題あるいは社会課題について考えるうえで限界があることを示しています。

　そこで求められるのがバックキャスティング思考です。バックキャスティン

グとは，目の前の問題や制約をいったん脇に置き，初めに目指したい未来像を描き，その未来像を実現するためにはどのような手を打って，どのような道筋（＝打ち手の連鎖）で物事を進めていくべきかを考える思考法です。現状に対して改善を積み重ねるのではなく，本質的に違う将来・変化を引き起こさなければならない課題に対して有効とされています。

　初めに未来像を描くといってもそう簡単ではありません。いきなり未来の姿を描くのではなく，こんな世の中にしたいという断片的な思いを言葉にして，それを皆で出し合い，統合していく過程を踏みます。断片的な思いも，まったく空っぽの頭から考えるのは無理があり，今世の中で起こっている事象や世間で言われている動向などを起点にして発想を飛ばす，という思考が必要になります。また，未来像の表現方法としては，未来年表，シナリオ〜ストーリー，動画やビジュアルなど多彩なものが考えられます。

　シナリオプランニング，未来洞察❼❽，SFプロトタイピング❾等々，さまざまな流儀があり，どれも力点の置き方が微妙に違いますので，よく理解したうえで，自分たちのやろうとしている学習テーマに照らしてどれを選ぶかを決め，かつ，やり方の手順や心構えを学習者に的確に伝えることが大事です。

⑶　つながり／影響を考えるロジックモデル

　サステナビリティの世界では，常に，１つひとつの小さな活動が巡り巡って，あるいは積み重なって大きな社会的影響（正も負も）へとつながっていく，という思考が求められます。原因と結果をつなぐ思考，活動と結果・影響をつなげる思考ともいえます。

①　ロジックモデル

　ここでは，第１章で触れたように，活動が直接生み出すアウトプット（製品，サービス，顧客の購買行動等が該当することが多いです）だけでなく，そのアウトプットによって顧客にどういう変化が起こるのか，さらにその顧客の変化によって他の関係者や社会にどのような変化がもたらされるのかという「アウトカム」まで考えることが重要です。そして，最終的に話の行きつく先，つまりその活動の結果として生じた社会的，環境的なアウトカムが「インパクト」となります。このように，ある施策がその目的を達成するに至るまでの因果関

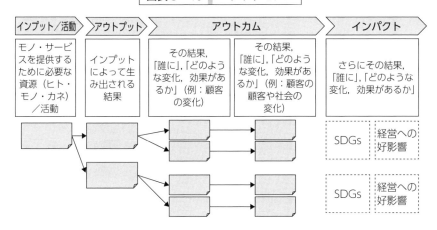

図表3-10　ロジックモデル

係を丁寧につなぎ，生み出される効果を論理的に構造化・シナリオ化するものが「ロジックモデル」（図表3-10）です[3]。アウトカム／インパクトを思考するうえでは必須のツールで，学習者は使いこなせるようにしておく必要があります。

このロジックモデルには以下の2つの使い方があります。

(a)　活動起点のロジックモデル

1つ目は，自分たちの活動・事業を起点として，それがどのようなインパクトにつながるのかを考える思考法です。自社の活動がSDGsのどのゴールに貢献できるのかを考えるときにはこの方法になります（図表3-11）。この場合は，最終的なゴールに「本当につながるのか」，妥協せずに考えてつなぎ切ることが大事です。間を適当にすっ飛ばしてしまったのでは，まさに「ゴール○番に貢献できている『ふり』」になってしまいます。

加えて，ポジティブな側面だけでなく，自分の活動が意図せずもたらしてしまうかもしれないネガティブな側面も考えるように，発想を広げます。そこから，追加で打つべき対策が見えてくる可能性もあります。ポジティブ面を考えて一区切りつけたところで，「私たちの活動がひょっとして社会に悪い影響を与えているとしたら，それはどのようなものだろうか？」を皆で考察します。

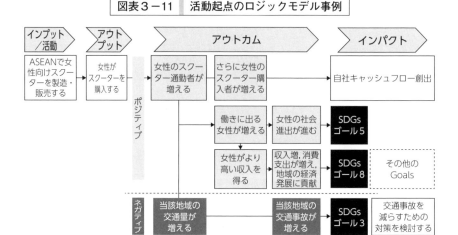

図表３－11　活動起点のロジックモデル事例

(b)　ゴール起点のロジックモデル

　もう１つは，社会にもたらしたいインパクト，あるいは実現したい社会の像
をゴールとして一番左側に置き，そこを出発点にして，それを実現するために
必要な条件や自分たちの活動・事業を考えていく思考法です（図表３－12）。
「ゴールを左に置く思考法」と筆者たちは呼んでいます。インパクトのところ
には，自社のサステナビリティの目標やSDGsのゴールを置くことが多いです。
この思考法の場合，必然的に環境・社会課題起点で取り組みを考えることにな
ります。しかも，元来インパクト実現には相応の期間を必要とするので，おの
ずと将来を起点にして少しずつ現在に引き寄せながら必要な取り組みを考える
ことになり，これはまさにバックキャスティングの思考の実践になっています。

　この思考法を使う場合には，若干のコツが必要です。まず一番左の目標の姿
をイメージしやすいよう少しだけ具体的な言葉で記述します。そこから先は
「これを実現するためにはどのような条件が成立していなければならないか」
という思考に徹し，直感で右側に飛んでしまわないようにします。

　この思考法による他の事例も紹介しましょう（図表３－13）。はじめは自社
／自分たちを主語にせず，公的サービスとして自治体が備える機能や提供する
サービス，産業界横断での取り組み，人の考え方や行動を抜本的に変化させる
取り組み等々，他力本願でよいので，何がどうなれば目標が達成できるかを考
えます。この時点では，今できなくても５〜10年かけて作る仕組みや取り組み

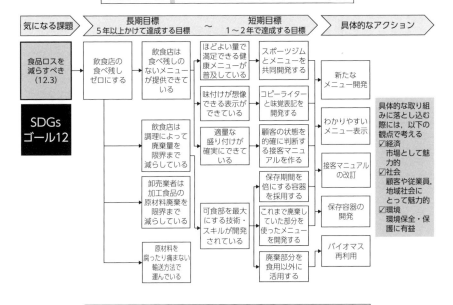

図表3-12　ゴール起点のロジックモデル事例

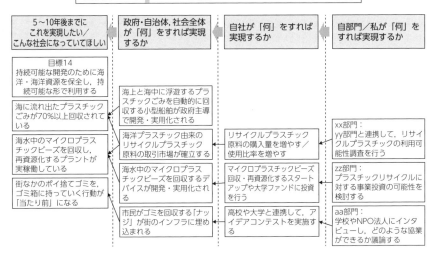

図表3-13　ゴール起点のロジックモデル　他の事例

で構いません。

　次に，それを実現するためには自社が持てる資産を活かしつつ，何をすれば
よいかを考えますが，他社や他団体等外部との協働も前提に2～3年のスケー

ルで考えるとよいでしょう。外部を織り込むことで，自分たちだけでは達成できず，他者と協働して初めて物事が可能になるという姿が見えてくるはずです。

　(a)と(b)のどちらの方式で考えるにせよ，勘所がつかみにくければ，すでに世の中に公表されているロジックモデルを参考にするのも一法です。例えば，経済産業省が進めているEBPM（エビデンスに基づく政策立案）の一環で検討されたロジックモデル 9 を骨格として参照しつつ，自分たちの手で細部を詰めてみるという思考も悪くないやり方です。

②　システム思考／因果ループ図

　活動→アウトプット→アウトカム→インパクトという線形な因果を考察するだけでなく，さまざまな要因が相互に絡み合い，結果がまた原因となったり，影響が顕在化するまでに時間的遅れが伴ったりして1つの大きな問題が形成されている状態を理解し，適切な解決の糸口を探るには，ロジックモデルからさらに進んで，システム思考／因果ループ図❿が役に立つ思考の武器となります。

　本書ではその解説はしませんが，システム思考を用いると，ある事象・行動が巡り巡って予期せぬ結果を生む可能性を考える力が高まります。「問題をすり替えたがために中長期的には悪い結果をもたらしている」（問題の転嫁）とか，「みんなが『自分だけなら／これぐらいならいいだろう』と思って行動すると，資源の枯渇等，大きな負の社会的インパクトにつながる」（共有地の悲劇）といった，サステナビリティを損なう典型的な症状を解明できるようになります。

　システム思考とあわせて，人々がある状況下や相互作用下に置かれたときに個人あるいは集団としてどのように振る舞うのかを説いてくれている社会学⓫も勉強しておくと，因果関係を正しく捉えるのに役立ちます。

(4)　気づき・理解を促すダイアログ

　人間1人ひとりの物の見方／固定観念／前提／信念は，年月をかけて自分の中に浸み込んだもので，すぐに変えられるものではありません。例えば「仕事というものは，若いうちは好き嫌いを言わず，先輩に言われたとおりに必死に取り組むものだ。それが自分の成長につながる」と教え込まれ，そのとおりに

人生を生き，そして経営層にまでなった人には，そのように考えない若者がいてもよいのだという考え方は到底受け入れられないでしょう。

　そのような自分の物の見方がもし変わるとしたら，それは対話か体験を通じてです。体験はそう簡単にお膳立てできるものでもありません。そうであれば，対話の場で，新しい物の見方を探求し，発見して，受けとめてみる――それを目指すのがダイアログ[4,10,11,12]です。語り合いの中から「そんな考え方もあるのか」，「私の考え方はいくつもあるうちの1つにすぎないのだな」，「私が絶対的に正しいというわけではないのかも…」という気づき・発見が生まれるのを期待します。

　サステナビリティ人材育成という文脈では「世の中ではそのようなことが重要視されるようになってきているのか」，「我が社の事業・製品・サービスをそんな風に見ている人がいたのか」，「我が社の事業がそんなマイナスの影響を及ぼしていたのか」，「我が社の経営は外部からはそんな風に見られていたのか」等々，「そんな風に…！」といった発見です。

　このような発見は，似た者同士で語り合ってみてもなかなか生まれません。学習者にとって何らかの関係がある外部当事者（ステークホルダー）を呼んで対話することが多く，「他者と対話する」型プログラムの事例（本章**2**(3)⑥）で紹介したように，ステークホルダーダイアログと呼ばれます。

　ここから生まれる気づきが，以下のような事項を考察するときに，発想のベースとなって活きてきます。

- 我が社は社会に対し，どのようなかけがえのない価値を提供する存在になるのか？
- 環境・社会のさまざまな課題の中で，我が社が優先的に取り組むべき事項は何か？
- 我が社はSDGsのどのゴールに貢献していくのか？

　ダイアログを実施するうえでは，まず，企画側も学習者側も，ダイアログは普通のミーティングでの話し合いとは違うという認識を持っておくことが重要です。気づき・発見は，「私はこれが正しいと思う」と皆が自説に固執していては得られません。また，気づきは個人個人の中に生まれるもので，全員の結論という形を取りません。つまり，ダイアログは，主張と根拠をぶつけ合い，優劣を付け，結論に収束させる「ディスカッション」とは別物なのです。

ふんわりしていますが，ダイアログを，下記のように定義付けてみると，皆の認識が揃うのではないでしょうか。

- 自分の考えをオープンに開示しつつも，同時に自分の主張や立場に固執せず，自分と相手の考えの背景を探求しながら相互理解を深めるための対話
- 結論を出すことをゴールにしない。テーマの意味を探求し，互いの考えを深め合うことを通じ，これまで持っていなかった新たな気づきを得ることがゴール

ステークホルダーダイアログというと，外部有識者（著名な大学の先生や評論家）を複数人呼び，1時間ぐらい取って，経営層と意見交換するといったようなイメージを持っておられる経営企画部やサステナビリティ推進部の方がおられますが，それは誤解です。ダイアログの「やったふり」に他なりません。外部招聘者は1人か2人，時間は2時間は必要です。

また，ダイアログに参加する人には，図表3－14のような参加の心構えを事前に伝え，当日に臨んでもらうのがよいでしょう。

図表3－14　ダイアログ参加の心構え例

☑他の人の意見をよく理解しようと努めてください。
- 傾聴，身体的反応，質問

☑思ったこと，言いたいことは，遠慮なくご発言ください。
- 自分が日頃思っていること（割合は少なめで）
- 他人の意見に対する感想，自分の中での気づき
- 他人の意見を聴いていてひらめいた，奇抜な着想
- 他人の意見に対する反論
- 「こういうことを話し合ってもいいのでは？」という論点提起

☑自分の立場・見解や，議論の勝ち負けへのこだわりは手放してください。

☑あっちこっち話題が揺れ動いていくことを受け容れてください。

　ただ，経営層を学習者として想定した場合，ダイアログが成立しにくいケースは間違いなくあります。あくまで自説にこだわる人がおり，それをパワーでねじ込んできて，しかもその人の影響力が大きい場合にはダイアログは相当難しくなります。

⑸　試行錯誤して事業を構想するデザイン思考

　これまで自社利益至上主義で事業や経営を考えてきた人たちが，自社利益も上げつつ社会課題解決にも貢献しうる取り組み，サービス，事業を着想するのは，まさにこれまでになかったものを考え出す挑戦で，そう簡単なことではありません。まずは発想力や発想の方法論（次項でも出てきますが，ブレーンストーミングの正しいやり方等）が求められます。

　この発想のもとになるのがいわゆる「顧客ニーズ」，つまり社会課題の中で困っている人の本当の困りごとです。モノを売っている時代ならば，このモノに対する不満は何か？　と訊けばニーズが見えてきますが，まだこの世に存在しないモノや体験に対しては，顧客は何も語ることができません。すると，発想する側は，対象者を観察したり，自分も体験したりして，その人が置かれた状況や心情を理解・共感し，根本的な課題を発見する，という方法をとるのが基本となります。

　さらに，そうやって考え出した事業やサービスが本当に社会から求められるものなのか，そして事業として成立するかは，いくら机上で検討しても限界があり，結局はわかりません。どこかで試行が必要になってきます。そして改善すべき箇所が判明したら，また作り直す，その繰り返しが必要になります。

　この観察→発想→試行のサイクルを回す思考，「自分が普通に暮らしている日常世界を他者の目で眺めてみるところから始めて，何か新しいアイデアを思いついたら，それを表現する構成を考えて，さらに最終的なスタイルを決定する」という一連の作業が，近年よくキーワードとして登場する「デザイン思考」[13]です。サステナビリティあるいは社会課題解決に貢献する取り組み，サービス，事業を構想する際には，この「共感して」，「柔軟に試行錯誤を繰り返しながら生み出す」という考え方と，付随する具体的なテクニックやツールがとても役立ちますので，ぜひ活用してみましょう❷。

⑹ 協働し，周りを巻き込むファシリテーション

① ファシリテーションとは

　多様な人たちが協調・協働することが重要だとわかっていても，そのための「やり方」を知っておかないとスムーズにはできません。そこで必要になってくるのがファシリテーションです。

　ファシリテーションの定義はさまざまありますが，複数の人が集まって何か物事を成し遂げたいときに（要は協働作業です），それがうまく進むようにお手伝いをすること，あるいは介入をすること，と捉えられます[14]。

　ちょっとしたミーティングでも，話がどんどんずれていってしまったり，声の大きい人ばかりがしゃべっていてせっかくのメンバーの多様な意見が活かせなかったりしませんか？　ファシリテーションの原則を皆が知っていて，意識的に行動すれば，協働作業がはかどり，参加している人たちもモチベーションが高まります。

　サステナビリティ人材育成プログラムには，討議やアウトプット制作など，学習者同士の協働を必要とする場面が多く出てきますので，特に長い期間にわたるプログラムの場合には，ファシリテーションの学習やトレーニングを初期の段階で行っておくことをお勧めします[13],[14]。一方，時間の制約があれば体系的な学習を織り込む必要はありませんが，皆で取り組みや事業のアイデアを発案しなければならない場面ではせめてブレーンストーミングの正しいやり方やアイデア創出の方法[1],[15]をガイドするといった工夫は必要です。

② シェアド・リーダーシップとは

　併せて，シェアド・リーダーシップ[12]の考え方も大事です。

　通常リーダーシップというと，チームの中の特定の1人がリーダーとなり，その人が皆を統率・牽引することを指すイメージがあります。しかし，サステナビリティ人材は「自ら考え，自ら行動する」人ですから，誰かに統率してもらうのを待っていてはダメです。チームの置かれた状況や達成したい成果に応じて，1人ひとりが「自分が何をすることが成果につながるのか」を最優先に置いて考え，行動するのがシェアド・リーダーシップです。

　例えば，協働作業の中で，「あれ？　何かがおかしい…」と気づいた時に，このノリノリの雰囲気ではとても言い出しにくいけれど勇気を持って違和感を

チームメンバーに表明する，というのも立派なリーダーシップです。また，たとえ自分のこだわりがあっても，「自分がここにしがみつくことはチームの成果を出すうえで益が少ないな」と判断すれば，自説を引っ込めることもありえるでしょう。

　逆に，「すべてのリスクを考え抜き詳細な計画を立案するまでは，プロジェクトをスタートすべきではない」と正論をかざす人は，状況によっては，実はリーダーシップを取れていないのかもしれません。私たち1人ひとりがどういう行動を取るとチームの成果が上がるのか――それを考える土台としてシェアド・リーダーシップを知っておくことは有益です。

③　組織行動論

　最後は組織行動論[12]や社会学[11]です。ある組織や環境に置かれたときに人や集団がどのような行動を取るのかを知れば，周りの人への働きかけ方のヒントになります。「一緒にやろうよ！」と，周りに動きを波及させたいサステナビリティ人材には必須の理論です。

5 プロセス設計の詳細

ここではプロセスを設計する際の詳細について解説します。

⑴ 流れ——プログラムの4つの型

　最初に，セッションの流れの作り方，つまりセッションをどう並べるとよい
かを説明します。

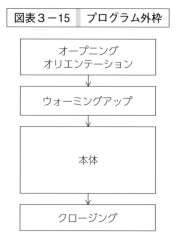

図表3－15　プログラム外枠

　まず図表3－15のような外枠を置きます。これが基本で，あとは本体を考え
ることになります。ウォーミングアップをどれぐらい丁寧に行うかは状況次第
です。学習者同士の人間関係の距離を詰め，そして，なるべく全員が対等な立
場で安心して発言・議論できるようにしておくことが，後の本体の部分で重要
になってくるなら，自己紹介やアイスブレーク，チームビルディングのための
アクティビティを入れましょう。逆に，あまり重要性がなく，時間的制約も強
いなら，削ってもよいと思います。

　そのうえで本体を考えていきます。本体部分は，扱うテーマや学びを深めた
い度合いによって千差万別なので，必ずこの順番でというのはありませんが，
基本となる「型」を知っておいて，それを組み合わせたりアレンジしたりする
と便利です。以下，いくつかの「型」を紹介します。

図表３－16　さまざまなプログラムの流れの「型」

① 学習考察型

　知識をインプットして，それに基づいて考察を行い，それを皆で共有するという流れです（図表３－16①）。レクチャー前後で自分の考えがどう変わったかを認識したい場合，あるいはレクチャーの時間を最小限にしたい場合には，事前に学習・考察をしておいて，それを共有してからレクチャーに入るという工夫も考えられます。

② 体験学習型

　実際に調べたり，観たり，やってみたりした体験から，学びを得て，それを自分に当てはめていくという順を踏みます（図表３－16②）。これも，体験前後の変化を明瞭に認識したいのであれば，体験の「前」に，今から体験しようとしていることに対し現時点で自分はどういうイメージを持っているのかを言葉に出しておくとよいです。体験後は，いきなり「何が大事か」と本質に突っ込むものではなく，まずは「どういう体験をしたか」，「自分はどう思ったか」，「どういう発見をしたか」を共有し，その後で，体験の持つ意味や真の課題，あるいは自分たちが大事にしたい価値観といった本質の議論に進みます。この２つのステップを同時進行すると議論が滅茶苦茶になります。

③ バックキャスティング型

　将来像を思い浮かべるのに使える情報をインプットした後，このまま成り行

きでいくとどのような社会になりそうなのかを考え，それを踏まえて自分たちがどのような将来像を望むのかを描きます。将来像が定まれば，そこからは「ゴール起点のロジックモデル」を用いて，将来像実現のために必要な取り組みを考察することができます（図表3－16③）。

④ 解決策創案型

デザイン思考の標準手順をベースに進める型です（図表3－16④）。まずは取り上げたい対象（多くは何らかの社会課題であろうと思いますが）に応じ，それをよく理解することからスタートします。この「対象理解」の中に②の体験学習型を埋め込んでもよいでしょう。次に，それをベースに，現在，どういう状態になっているのかを解明します。ここでロジックモデルやシステム思考を活用できる可能性が大きいです。その後は，課題解決のための打ち手をアイデア出しし（ブレーンストーミング等，アイデア創出法を駆使），いったん企画化します。それがプロトタイピングです。これはまだ粗削りな企画なので皆で（有効そうなら，学習者同士だけでなく，マネジメント・経営層も加わって）レビューし，それをもとにブラッシュアップしていきます。

もちろん，ここで挙げた数例の「型」ですべてがカバーできるわけではありません。事例を参考にして，大きく4～6ステップぐらいの流れを自分で考え，最初に置いてみることをお勧めします。

(2) ツール──アクティビティとフレームワーク

3で触れたアクティビティとフレームワークはそれこそ無数にあります。例えば，お互いを知るための自己紹介1つとっても，通常の自己紹介のみならず，他己紹介，似顔絵紹介，マイベスト，○○にたとえると，握手でチェーン，財布の中身，など，挙げれば切りがありません。アクティビティというと「オリエンテーション」，「自己紹介」，「レクチャー」，「グループ討議」，「発表」，「まとめ」ぐらいしか思い浮かべない人もおられますが，実はもっと多彩です。アクティビティやフレームワークをうまく使えば，参加者に新鮮な驚き・楽しみと充実した学習を提供できます。

ここでは「お役立ちアクティビティ」を紹介しましょう（中には，アクティ

ビティともフレームワークともいえるものもありますが，両者を厳密に区別しても意味はなく，どちらもアクティビティと呼ぶことにします）。何をしたいか，つまりセッションの狙いごとに概説したうえで，筆者たちがよく使うアクティビティを数例挙げます。

①　場を温め，人間関係を作る

　アイスブレーク，チームビルディングと呼ばれることの多い一群です。自己紹介系のアクティビティ，チームで力・知恵を合わせるアクティビティ（例：マシュマロチャレンジ）がたくさんあります。

私の取扱説明書　　自分を家電製品か何かに見立て，図表3－17のようなフォーマットで取扱説明書を1人ひとり作成し，これを用いて自己紹介します。メンバーの性分がよくわかり，チームビルディングにも効果的です[16]。

図表3－17	取扱説明書

○○さんの取扱説明書

商品説明

☑私の特技，強み，売り，特筆すべき経験，趣味

☑こんなシーンでの活用がお勧め！

取扱上の注意

☑私の上手な使い方
- こんな風に仕事を頼まれる・任されると喜びます

- こんな扱い方をするとやる気が出ます

☑NGな使い方
- こんなことをされたり，言われたりすると故障します

ローテクソーシャルネットワーク 図表3－18のように，自分のアバターと自分の特徴を3つ描きます。それをもとに自己紹介したら，壁面に大きく貼った模造紙の上に貼り付け（アップロードし）ます。全員分が出揃ったら，皆で壁面のところに行って，他の人との共通点や関係性を線でつないで（リンクして）楽しみます❼。

図表3－18　ローテクソーシャルネットワーク

② インプットする・体験する

　代表的なのはレクチャーですが，それ以外にも，インターネットや図書館，文献等で「自分で調べる」インプット，またはインタビュー，フィールドワーク・観察，体験ゲーム，あるいはビデオ・VR鑑賞などが挙げられます。

クイズ　　一方的になりがちなレクチャーの冒頭や最中に織り込みます。例えば「極度の貧困にある人は世界で10人中何人くらいだと思いますか？」[2]など。あるいは覚えておきたいステートメント・記述を穴埋めクイズにするのも面白いでしょう（自社のパーパスや理念はよく題材に取り上げられます）。

発見ゲーム　　何かテーマを設定し，時間を決め，その間1人ひとりがインターネット記事や画像，新聞，雑誌（普段手に取らない雑誌からは新鮮な発見があります），書籍等を調べて，テーマに関わりの深い題材を探します。

③ 将来像を描く

　今後到来するであろう将来の社会像，あるいは，自分たちが実現したい将来

の社会像を描くアクティビティです。p.114で触れた未来新聞は，実現したい
将来像を描くための一法です。

> **未来年表**　「20XX年頃には，こういう世の中になっているかもしれない」とい
> うことを各自が10項目ぐらい考え，付箋に書いて，年表の上に貼っていきます。他
> の人の付箋を見てひらめいたら，それも書いて追加で貼っていきます。図表3－19
> のように，考える時間のスケールに応じて年号を横軸に設定し，また，縦軸には着
> 眼点を置いておくと考えやすくなります。

図表3－19　未来年表

着眼点	2025	2030	2040	2050
人々の暮らし，ライフスタイル，価値観の変化				
実現化される技術，商業化される製品・サービス				
地球環境や経済・市場の変化				
人々の働き方の変化				

> **ストーリー**　「こうなりそうだ」，あるいは「こうしたい」という将来像がほぼ
> 見えてきたら，現在からどういう経緯でその将来像にたどり着くのかを物語にしま
> す。まさにSF小説を綴るような感じです❾。文章にする以外に，A4用紙を使って
> 紙芝居を作るのもよい方法です。この方法ですと楽しめますし，ワークショップに
> 適しています。

④　思いを出し合い，考えを深める

　しっかり話し込める場をつくるアクティビティです。いわゆるグループ討議
のことですが，少しでも多くの人が参加でき，深い話し合いをすることができ
るように工夫が施されています。すでに解説したダイアログもここに該当する
アクティビティです。

ペアインタビュー　　2人ペアになって，片方がもう一方に対し，体験や考えや思い等を聴き出します。時間で区切り，交代して再度インタビューをします。質問リストを用意しておくとやりやすくなります。いきなり多人数でグループ討議するとどうしても発言量が偏りますが，全員が思いを語る機会（＝参加の第一歩）を持てます。

ワールドカフェ　　4～5人でテーブル（丸テーブルがお勧め）を囲み，所与のテーマについて討議します。テーブルの上には模造紙を敷き，各人が印象に残ったキーフレーズを好き勝手に書き留めていきます。一定時間の後，各テーブル1人を残して他の全員が他のテーブルに散り，前のテーブルで出ていた話をいくつか紹介したうえで同じように討議を続けます。これを何回か繰り返し，最後には元のテーブルに戻ってきます。不思議と全員で話し合ったような内容に落ち着いていくところがこのアクティビティの妙で，大人数（30人以上）での全体討議が現実的に難しい場合に使うと効果的です。

OST（オープンスペーステクノロジー）　　初めに，皆で円環を作り，中央に紙とペンを置き，この場で話し合いたいテーマを提案したい人が書き出して提示します。出てきたテーマを時間割表に配分したら，後は，そのテーマに関心のある人同士で集まって自由に話し合います。途中でテーマの間を移動しても構いません。この方法は，話し合いたいテーマは複数あるが，それを1つずつ議論していくには時間が足りず，また，テーマによっては，興味のある人とない人で差が大きいと考えられる場合に効果的です。学習者の自主性も大いに尊重した方法です。

⑤　つなげて，構造を解明する

　アクションからアウトカムへのつながり，あるいは行為とそれが引き起こす正負両面の結果とのつながりを考えるアクティビティです。すでに紹介したロジックモデルがその筆頭です。また，④⑤をある程度同時に進められるものとして，有名なKJ法（親和図法）**⑫**があります。

> **因果ループ図**　　目の前の問題を1つの原因に安易に帰着させるのではなく，他の原因や，さらに原因の原因を掘り下げ，取り上げた問題が結果でもあり同時に原因でもある（鶏と卵，ですね）といった因果関係の全体像を描き，その構造そのものに問題を引き起こしている根源が潜んでいるということを把握するツールです（図表3－20）。システム思考によれば厳密な描き方の作法がある10,**❿**のですが，あまり固く考えず，皆でわいわい描いてみるのがお勧めです。

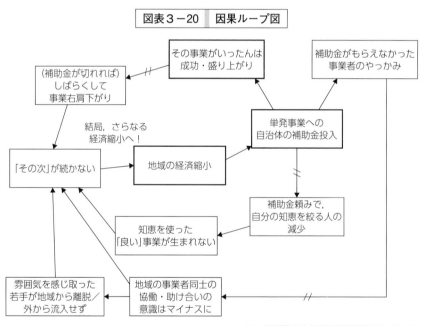

図表3－20　　因果ループ図

←//— は，時間遅れを伴う因果関係を表している

ステークホルダーマップ　　ロジックモデルや因果ループ図で考える前に，扱っている課題に登場するステークホルダーを洗い出し，相互の関係性をマップにします（図表3－21）。相互の関係性をより正確に表現するには，モノ／サービス／情報／金銭／影響力の流れを色や太さを変えた矢印で表します。登場人物・組織や思わぬ影響が広く存在していることを認識でき，影響や因果を狭い範囲で考えてしまうことを避けられます。⑥の解決策を考える際に利用するのもお勧めです。

図表3－21　ステークホルダーマップ

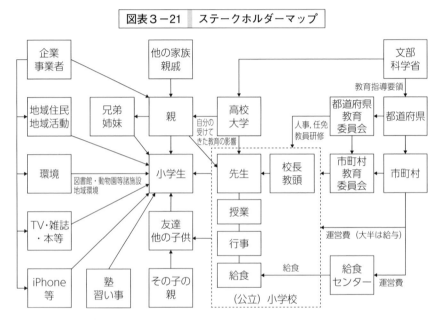

※　あくまでイメージであることをお断りしておきます。

⑥　解決のアイデアを出す

　アイデア出しをするための技法がここでは活躍します。KJ法はここでも活用できます。「アイデア出し　技法」で検索すると，欠点列挙法，マンダラート，オズボーンのチェックリスト，逆張り思考法等，いろいろな方法が見つかるはずです。

ブレーンストーミング　　ほとんどの人が知っているブレーンストーミング。行う際には「批判厳禁」，「自由奔放」，「質より量」，「便乗歓迎」の4原則が鉄則ですが，大抵の場合は守れておらず，結局は少数の人が意見する場になったり，アイデアを口に出しづらい場になったりしています。図表3−22の原則を全員が意識しながら進めるのが必須です。また，簡単なお題で一回練習してみるのもお勧めです。

図表3−22　　ブレーンストーミングの原則

批判厳禁・評価厳禁

- 出たアイデアを批判して，いきなり芽を摘んでしまわない。
- 批判と併せて，気をつけるべきは「評価」。「このアイデアは効果がありそう／なさそう」，「できそう／できなさそう」の議論をしない。

自由奔放

- 制約を取り払って自由に発想する。
- チーム内で「強い立場にある人」（役職者，ベテラン，思考力が高い人，声の大きい人etc.）が，はじめから「素敵なアイデア」を言わないようにする。言うなら「奇抜なアイデア」から。
- はじめに1人ひとり考える時間を設ける。

質より量

- いいアイデアを5個出すのではなく，的外れでもいいからアイデアを100個出す，と心得る。
- 時間を定め，ちょっと背伸びした数値目標を設定する。
- 「もう出ない」となってからもうひとふんばり。

便乗歓迎

- 他の人のアイデアに乗っかる。
- 「だったら，こういうアイデアもあるね」と「だったら」を合言葉に。
- 皆で掛け声を掛け合う：「いいね，それ」，「だったらさ…」，「今のアイデアに乗っかると？」。

アンチプロブレム　　はじめにわざと悪い（あるいは極端な）アイデアを出す方法です[⑰]。例えば「我が社が廃プラスチックを減らすために最悪な方法は？」，「我社が廃プラスチックを1年でゼロにするための方法は？」といった具合です。自由奔放に発想する地ならしになり，さらに重要なのは，ここで出てきたアイデアに意外と良い着眼点が含まれている可能性があることです。この後，通常のアイデア出しをし，悪いアイデアと組み合わせて，より画期的な解決策にならないかを皆で検討するというのが常套手段です。

⑦ つくり上げる

アイデア出しだけでは話が発散していくのみです。どこかでアイデアを選択し，組み合わせ，いったん成果物として形にしなければなりません。その際に単に「討議した結果を"まとめ"よう」では，どのようにまとめたらよいのか，皆のイメージが揃わず苦労します。「こんな形で」と成果物の形式を指定することで，グループメンバーが一致して作業に取り組めるようになります。

> **ポスター・新聞制作**　グループ討議の内容を，ポスター，パンフレットといった宣伝物や新聞記事のような体裁にする手法です。ポスター以外にも年表，紙芝居，物語（ストーリーテリング），動画，寸劇（インプロヴィゼーション），図，ビジュアル等，さまざまな形式が考えられます❿❶。

> **事業の4要素**　事業やサービスを構想する時，必要な要素に抜けがなく，かつ，それぞれの要素のつながりが整合するように考えるのは難しいものです。事業の構造を体系的に考えるツールとしてはビジネスモデルキャンバスが有名ですが，要素が9つもあって大変という場合には，よりシンプルな4つの要素で事業を表現してみましょう（図表3-23）[6]。

図表3-23	事業の4要素

顧客
- 自分が価値を提供しようとしている相手はどのような人／組織なのか

提供価値
- その人にどのような価値を提供して，喜んでいただくのか／満足していただくのか／お金を払っていただくのか

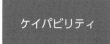

ケイパビリティ
- 価値を具現化する製品・サービスは何か
- 価値を提供するための中核活動は何か
- 提供価値および活動を，他社に簡単に真似されないものたらしめている経営資源は何か

収益構造
- 誰からどのように対価をいただき，どこでどのようなコストが発生して，最終的に利益になるのか

⑧　選ぶ・決める

⑦の前段階で，たくさん出したアイデアの中から良さそうなものを選んだり，最終的にいくつか出揃った解決案の中から良いものを選んだりするときに必要となるアクティビティです。

> **ペイオフマトリクス**　　出てきたアイデアを「効果の大小」，「やりやすさ」の2軸で評価する方法です（図表3−24）。やりやすさの中には，コスト，実現までに要する時間，必要な人手等が含まれます。効果が大きく，かつ，やりやすいアイデアを選びます。効果ややりやすさを厳密に評価するのは難しく，たくさんのアイデアから筋の良さそうなものをスクリーニングするのに適した方法です。

図表3−24　ペイオフマトリクス

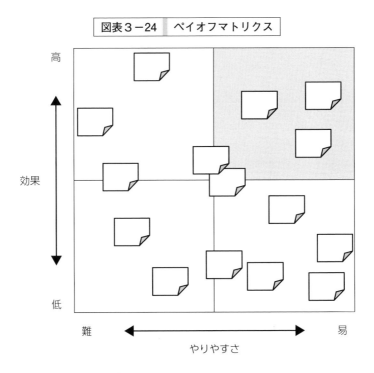

> **多重投票法**　　もっとざっくり絞り込むのに適した方法です。1人5枚（アイデアの総数に応じて加減します）の丸シールを配り，自分が良いと思うアイデアにシールを貼って投票します。動きがあるためワイガヤ感も出ます。

クロスチャート　　いくつかに案を絞り込んだうえで，判断基準に基づき各案を評価して最終的に選択・決定するときに使います（図表3-25）。使う前に，判断基準を何にするかをしっかり議論して決めることが大事です。

| 図表3-25 | クロスチャート |

	社会課題への貢献度	当社イメージへの合致度	収益も出せる可能性	総合評価
案①				
案②				
案③				
案④				

⑨　共有する

　学習者が大人数（10人以上）になると，グループで討議し，その内容を発表・共有する場が必要になります。ところが往々にしてこの発表が長く，時間はかかるし，学習者も疲れてしまうということが少なくありません。この悩みを少しでも解消できる方法を知っておくと便利です。

穴埋めプレゼンテーション　　グループで討議した結果を発表してもらう際に，発表の文章をはじめから規定し，討議内容は虫食い部分を穴埋めする形で織り込んで発表してもらう方法です。発表をコンパクトにするのに効果的です。

回遊型共有　　グループワークの後，成果物をその場に残したまま，グループメンバーで固まって隣のグループに移り，そこの成果を眺めます。一定時間後にまた隣に，と山手線のように順繰りに回っていきます。感じたことを付箋に書いて，貼って残していくのもよい方法です。各グループ1名の説明員を残すバザール型という方法もあります。

⑩　実行・行動につなげる／を継続する

　学習を知識の習得や気づきの発見だけで終わらせず，自分の行動につなげていくためのアクティビティが最後には必要になります。1人ひとりの「行動宣言」というのはよく使う方法です。ただ，本章の最初で述べたように，サステナビリティについては，1人では力不足で，周りの人を巻き込む動きが必要になるため，組織にどう働きかけたらよいのかまでを考えておく必要があります。

> **フォースフィールド**　　現在のポジションを中心の1本の線として表し，達成したい目標を右端に書きます。そして，目標達成を推し進める要因と，阻む要因を挙げ，その力の大きさを矢印の大きさ・長さで表現します（図表3-26）。何か良い行動目標・計画があっても，組織になった途端に進まなくなるのは，そこに「阻む力」が存在しているからです。それを顕在化させ，必要な打ち手を考えるために有効なツールです。

図表3-26　フォースフィールド

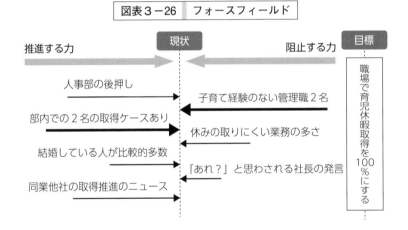

周囲への働きかけ方マトリクス　これは筆者が勝手に命名したもので，実際には周囲に影響を与えるにはどうするかというインフルエンサー理論[15]から持ってきたものです。図表３−27の６つの観点から，どうしたら周りの人が動いてくれるかを考えるのに役立ちます。

図表３−27　周囲への働きかけ方マトリクス

人が動く２軸		
	やる価値があると思える	やれそうと思える
個人	• 取り組み意義を説明／熱く説得する • むしろ説得せず，本人に決めさせる • とりあえず一定期間やってもらう • 面白くする，ゲームにする • 行動できたことを祝福する	• できない活動をトレーニングする • 必要な知識をインプットする • やるべきことを少数に絞る • 諦めずに繰り返しやってみる
チーム	• 集団の中の影響力ある人が「やろう」と言って，率先垂範する • やることをチームで決める • チーム内の人間関係を築く • チームとして小さな達成を祝福する	• 全員でやる • 得意技を踏まえて，役割分担する • １人ではできないことを支援する • 「やれるぞ！」という空気を作る
構造環境	• 重要行動をするような報奨を設けるなお「報奨だけ」はダメ。皆，報奨のために行動するようになってしまう • 重要行動の妨げとなる報奨はやめる • 行動しない場合のペナルティを科す	• 「見える化」する • 重要行動をシステム化する • 業務プロセスを進化させる • ついやってしまう環境をつくる（フロア設計，部屋・机・椅子等配置）

働きかける方法

KPT　　学習と行動を継続していくためには「振り返り／レビュー」が重要ですが，それを皆でやるのに便利なアクティビティです。ホワイトボードに線を引いてKeep/Problem/Tryと書き，「Keep：良かったことで今後も続けていくこと」→「Problem：困っていること／問題だと思っていること」→「Try：これらを踏まえ，今後新たに取り組むこと」を順番に挙げていき，最終的にTryから実際に行動する項目を選択決定します（図表3-28）。

図表3-28	KPT

この1か月の取り組みを振り返る

Keep
- ☑上司との1対1での30分程度の話し込み
- ☑「たぶんこの人ならわかってくれる」と思う人とのワークショップ内容の共有
- ☑他社の知り合いとの語らい（気晴らしにもなる）

Problem
- ☑勇気がなくて，部署内全体に伝えることができていない
- ☑自分の上司は，こんな話につきあってくれる気がしないので，話せていない
- ☑孤軍奮闘感があり，時折心が折れる

Try
- ☑話のわかる上司（他部署でいい）に今の悩みを聞いてもらう
- ☑このメンバー全員で飲み会をして愚痴を言い合う
- ☑上司に話を持ちかける際に，自分1人でなく，他のメンバーも同席し，全社としての取り組みなのだと印象付ける
- ☑サステナビリティ推進室に，部署内の説明会を開いてもらって，そこで自分もプレゼンをする

ワークショップ通信　　これはワークショップ内で行うアクティビティではなく，ワークショップ「後」に行うアクティビティです。Teams等，使える共有手段を用いて，各人の行動宣言や，行動した結果の進捗を共有したり，あるいは企画者側から最新インプットを提供したりします。継続的に触れ合え，励まし合える場を作る意味合いがあります。

アクティビティは多種多様であるがゆえに，すべてを覚えておくなど無理です。アクティビティを紹介した何冊かの本[2,8,12,15,16,17,18,19,20,21]をベースに，「これが自分の得意技！」といえるアクティビティをまず4つか5つ持ちましょう。それをいろいろな場面に応用しつつ，対応できない場面に出会ったら，本をカタログのように引いて適切なアクティビティを探すのが現実的です。

(3) 問い──効果的な問いの方法と工夫

① 「問い」は名詞・体言止めにしない

　流れに沿って，レクチャーの後に考察の時間を取り，そして，この考察の箇所を「個人で考える」→「グループで討議する」と2つのアクティビティで構成することにしたとします。これでプログラム設計は終わりでしょうか？　そうではありません，大事なものが抜けています。「一体，何について考える／討議するのか」を示す「問い」が足りません。

　通常，議題とか論点と呼ばれているものですが，単語だけで提示されることが非常に多いように思われます。例えば，「2030年の事業環境」，「当社に与える影響」，「SDGsへの貢献」といった具合です。しかし，これでは，事業環境について何を考えればよいのかが明確になりません。明確にするには「問い」，「疑問文」にする必要があります。「2030年の事業環境はどうなっているだろうか？」，「現在の我が社にとって2030年の事業環境を想定することに意味はあるか？」，「2030年の事業環境を考えるうえで，どのような情報・動向に着目すべきか？」など，問いによって議論はまったく異なったものになります。何について考える／討議するのかは問いの形で提示する，名詞・体言止めにしない，を鉄則としましょう。

② 問いの順番

　次に，問いを繰り出す順番を設計しましょう。問いの順番の基本原則は，答えやすい問いから深く考える問いへ[8]，です。何かを体験した直後に「あなたはこの体験から何を学びましたか？」と聞かれても困りますが，「どのような体験をしましたか？」ならば答えやすくなります。学習の場では図表3-29のような順序を取ることが多いので参考にしてください。

　他にも，知っていることから聞く，皆が等しく答えられそうなことから聞く，素朴な疑問から取り上げる，というのも守りたい原則です。専門的知識や経験がないと答えにくいような問いを早い段階で持ってきてしまうと，知らない人たちには極めて発言しにくい雰囲気が作られてしまうからです。

　この問いの順序は，そのまま(1)で解説した流れにも反映されていきます。流れと問いを行ったり来たりしながら，プログラムを設計してください。

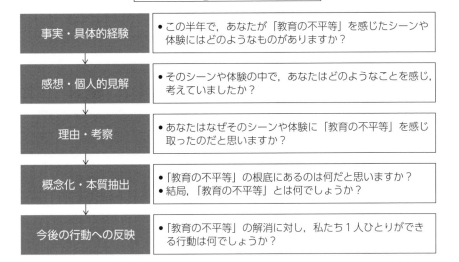

図表3－29　問いを繰り出す順序

事実・具体的経験	● この半年で，あなたが「教育の不平等」を感じたシーンや体験にはどのようなものがありますか？
感想・個人的見解	● そのシーンや体験の中で，あなたはどのようなことを感じ，考えていましたか？
理由・考察	● あなたはなぜそのシーンや体験に「教育の不平等」を感じ取ったのだと思いますか？
概念化・本質抽出	● 「教育の不平等」の根底にあるのは何だと思いますか？ ● 結局，「教育の不平等」とは何でしょうか？
今後の行動への反映	● 「教育の不平等」の解消に対し，私たち1人ひとりができる行動は何でしょうか？

③　同時に複数の問いを投げない

　3つ目に注意したいのは，同時に複数の問い（とりわけ重たい問い）を学習者に投げないようにすることです。頭のいい人，本質に迫りたい人は得てして「社会の変化を見たとき，我が社にとってのリスクは何か？　そのリスクは機会として捉えることはできないのか？　機会に転じるために我が社はどのような手を今のうちから打っておく必要があるか？」といった，迫るような投げかけ方をしてしまうものです。どの問いも確かに重要でしょう。しかし，投げかけられた側はどれから考えたらよいのかわからず途方に暮れるのです。「この3つを順番に考えてください」と伝えても同じことです。丸投げされた状態では，順序立てて議論できる人はほとんどいません（グループになればなおのこと）。はやる気持ちを抑え，問いは分けて提示します。

④　問いに使う言葉

　最後の工夫は問いに使う言葉です。

　「当社の今後のあるべき姿は？」――いかにも硬くありませんか？　もっともらしい発言をしないといけない気分にさせられ，結局発言するのは声の大きい人ばかりになるのが目に浮かびます。これを「我が社は10年後，どのような会

社になっているとよいと思いますか？」とすると，聞いている内容はほぼ同じですが，ずいぶんハードルが下がります。

「居心地が良い職場とは？」と「緊迫感に満ちていても居心地が良い職場とは？」という問いを比べてみてください。後者のほうが，ありきたりではない回答が出てきそうな気がしませんか？　これは最初に思いついた問いに，前提条件や枕詞を付けて，問いをさらに鋭くするというテクニックです。

他にも，「私たちはサプライヤー側の人権問題にどう対処すべきか？」と「私たちが真にサプライヤー側の人権問題を重く受けとめるなら，どのような行動に着手すべきか？」とか，「我が社の行動指針のうち更新すべきものはどれか？」と「我が社の行動指針のうちもし1つだけ差し替えてよいとしたら，どれか？」など——問われた側を想像すれば，微妙に頭脳の回り方が変わるのがわかると思います。

問いの立て方の達人になるには，原理を知りつつ，問いの事例を参考に真似てみるのが一番です。ぜひ専門書も手に取ってみてください[22]。

6 │ 学習の場の進行役のポイント

(1) ファシリテーションの基本を押さえる

学習の場は，ふさわしいメンバーとふさわしいプログラムが揃えば，それなりの成果が出ます。まずこの2つに力を入れましょう。

そこにプラスして，進行してくれる人，すなわちファシリテーターを置けばさらに学習の効果が高まることが期待できます。専任の進行者がいてくれれば学習者たちは学習に没頭できますし，進行者の働きかけによって参加したくなる雰囲気も生まれます。また，学習者間の力関係を緩和するために第三者の存在が役立ちます。網羅的な解説は教育研修関係のファシリテーションの専門書[22,23,24]に譲り，ここでは最低限押さえておきたいポイントを紹介します。

① アウトプットを端的に伝え，進行を短く区切る

まずは随所に現れる進行のガイドです。どのような意図で何をどういう順番で行うのか，何をアウトプットとして出すのかを端的に伝えましょう。ファシリテーターの中には，人前で話すのが得意でも，気合を入れるあまり話しすぎ

てしまう人が少なくありません。冒頭から話が長いと，学習者の参加意欲がしぼんでしまいます。

　また，一度に大量の説明をすることも避けましょう。例えば，何かのグループワークをする際，「まず，○○○をしてください。次に○○○。そうしたら，○○○を行います。最後に○○○」と全体を一気に説明して「では，よろしく」と振ると，大半の参加者は正確に理解していません（資料に同じ説明があっても！　です）。区切って進行できないか，作戦を考えるべきです。

②　雰囲気づくり

　次は皆が参加したくなるような雰囲気づくりです。ファシリテーターは，皆に発言を振る（特に，積極的な人だけでなく，控えめな人にも発言機会が行きわたるように），皆が発言しているときに傾聴の姿勢を示すといった気配りをします。ただ，何をおいても明るくはっきりした発声と柔和な表情を決して忘れないでください。これが意外にできていない人が多いのです。

　もう1つ，ちょっとした工夫ですが，皆の参加を促すには，いきなり発言を求めるのではなく，1人ひとりで考えてもらう時間を少し設けるのが効果的です。

③　議論の見える化

　3番目は，議論の見える化です。全体で議論，意見交換するときなど，口頭だけでやっていると，ここまでにどのような意見が出てきたか，自分たちはそもそもどのような話をしているのかを見失いがちです。そういうときにファシリテーター（あるいはサブファシリテーター）がホワイトボードや模造紙に意見を書き留めてくれていれば，しっかりした議論が行いやすくなります[16]。全員共通のメモを1つ作り，それを全員で見ながら議論するわけです。また，グラフィック・レコーディングといって，イラストや絵も用いて議論をイメージ化すると，言葉以上に共通感覚を醸成できることもあります[17]。

④　臨機応変な進行方法変更

　4番目は，臨機応変な進行方法変更です。例えば，皆が疲れてきているなと感じ取ったら，予定になくても休憩をとります。あるいは，あるセッションで予想外に時間を使ってしまったときは「今日は思い切って，○○○は飛ばすこ

とにしましょう」と提案したり，議論が思わぬ方向に行ったら「もともと△△をこの後考える予定でしたが，変更して□□に取り組んでみましょう」と皆に相談する役目を務めます。頭をフル回転しなければならず少し難易度は高いですが，ファシリテーターとしてぜひ身につけたい対応能力です。このためには常にアンテナを立て，今日の流れはどうだったか，今どこまで来ているか，脱線していないか，今皆はどういう話で盛り上がっているか，といった状況把握をしておくことが求められます。

　結局，ファシリテーターは，サステナビリティ／ESGに関する知識，つまりコンテンツ（中身）を熟知していることも大事ですが，どういう進め方や場作りをすると皆が参加感を持てて，学習効果を高められるかというプロセス上の工夫に通じていることが大事だということです。

⑵　オンラインでの進行のコツ

　最近はオンラインでの学習機会も増えてきていますので，最後に，オンライン環境でプログラムを実施する際に守りたい点，工夫できる点について触れておきます。

①　ビデオはON，マイクもONで

　オンラインでは「お互いの反応，空気が読めず，おとなしくなりがち」という大きな障壁があるため，互いの様子を感じ取るための最大限の努力をすべきです。余程の事情がなければ，ビデオONを標準にしましょう。通信環境の悪さを理由にビデオOFFを習慣付けてはいけません。OFFはあくまで例外措置（パワハラと受け取られるようなON強制はアウトですが…）と考えましょう。さらに，マイクも常時ONがお勧めです。背景音が入るからと常時OFFが世間標準になっていますが，ミュートをいちいち切るのが億劫で発言しづらい／ミュートを切らずに発言し時間を浪費する，などといった悪影響を最小限にしましょう。

　そのうえで，リアクションを大きく，多くします。うなずき，「うんうん，それで？」といった合いの手，OK/NGのジェスチャー，身の乗り出し，時折の笑いをリアルのときの「倍」やってください。これはファシリテーターだけでなく，皆（せめて学習者の3割ぐらい）が意識的にやると抜群に雰囲気が良

くなります。

　また，ファシリテーターは（リアルのときよりさらに意識して）明るい声で話しましょう。オンラインでは聴覚の比重が高まります。ぼそぼそとか細い声でしゃべっていたのでは盛り上がるものも盛り上がりません。

②　チャットはパワフルな武器

　次に，リアルにはない，オンラインならではの武器があります。そう。チャットです。チャットを使えば，レクチャーの最中，思いついたときに忘れないうちに質問をアップでき，しかも途中でレクチャーの流れを遮る心配もありません。講師は適宜まとめて回答することができます。また，全体の場で意見交換する際，時間に制約がある中でも多くの人に意見表明してもらうことができます。中には，手を挙げて発言するよりも，文字を打ち込むほうが意見を出しやすいという人もいます。さらに，その表明した意見が文字で残るので，あとで参照しやすいという利点もあります。なかなかパワフルな武器であり，これを活用しない手はないでしょう。

　ただ，1つハードルがあります。皆さん，自ら進んでチャットに意見や質問を打ち込んではくれないのです。積極的にそんなことをしたくない，しばし様子見をしよう，という人がどれほど多いか！　「質問があれば適宜チャットに打ち込んでください」とアナウンスする程度ではなかなか乗ってきてくれません。そこで，オンラインミーティングルームにファシリテーターは15〜20分前に入っておき，入室してきた人から順番に声掛けをします。

　「あ，○○さん，こんにちは〜，カメラONになりますかね，OKです，ちゃんとお顔見えました。次は何かしゃべってみていただけますか，あ，聞こえてきました。最後にチャットはどうですか？　何か一言打ち込んでみていただけますか」

　といった具合です。

　また，スタートして間もないうちに，全員にチャットで回答を求める質問（例：どこの部署から参加していますか？／最近ハマっているのは何ですか？）を投げかけるのも一法です。

　さらに，サブファシリテーターをもう1人置いて，今から考える論点をチャットに打ち込んで認識統一を図ったり，「質問をチャットにどうぞ！」と促してみたり，口頭で出てきた意見をチャットに打ち込んだり，という役回り

を担ってもらうとかなり良い雰囲気を演出できます。

　外部から専門家を呼んでレクチャーをしてもらうときも，その方の了解をいただいたうえで，企画サイドからチャットで「レクチャーの間も，質問等あれば書き込んでくださいね」などと参加を促すとよいと思われます。参加者の中のノリの良い人に"サクラ"をお願いしておくのも一法です。

　その他の勘所・工夫は専門書を当たってみてください❻。これ一冊でほぼ事足りるはずです。

●注（参考文献）

1　松尾睦［2021］『仕事のアンラーニング』同文舘出版
2　山﨑紅［2021］『SDGsワークブック』日経BP
3　村上芽，渡辺珠子［2019］『SDGs入門』日本経済新聞出版
4　デヴィッド・ボーム他［2007］『ダイアローグ』英治出版
5　名和高司［2015］『CSV経営戦略―本業での高収益と，社会の課題を同時に解決する』東洋経済新報社
6　三谷宏治［2019］『新しい経営学』ディスカヴァー・トゥエンティワン
7　一例として，NPO法人クロスフィールズ　共感VRワークショップ　https://crossfields.jp/service/vr/　（2022年10月時点）
8　堀公俊，加藤彰［2008］『ワークショップ・デザイン』日本経済新聞出版
9　ロジックモデル参考：経済産業省「令和3年度 ロジックモデル」
　　https://www.meti.go.jp/policy/policy_management/ebpm/2021logicmodel_rev.pdf　（2022年10月時点）
10　ピーター・センゲ他［2003］『フィールドブック　学習する組織「5つの能力」』日本経済新聞社
11　中原淳，長岡健［2009］『ダイアローグ 対話する組織』ダイヤモンド社
12　斉藤徹［2021］『だから僕たちは，組織を変えていける』クロスメディア・パブリッシング
13　佐宗邦威［2020］『世界のトップデザインスクールが教える デザイン思考の授業』日本経済新聞出版
14　堀公俊［2018］『ファシリテーション入門〈第2版〉』日本経済新聞出版
15　ケリー・パターソン他［2018］『インフルエンサー ――行動変化を生み出す影響力』パンローリング
16　堀公俊，加藤彰［2006］『ファシリテーション・グラフィック』日本経済新聞出版
17　有廣悠乃編著［2021］『描いて場をつくる　グラフィック・レコーディング』学芸出版社

［おススメ文献］
❶　トム・ケリー＆ジョナサン・リットマン［2002］『発想する会社！』早川書房
❷　佐藤郁哉［2002］『フィールドワークの技法』新曜社
❸　足達英一郎，村上芽，橋爪麻紀子［2016］『投資家と企業のためのESG読本』日経BP
❹　坂野俊哉，磯貝友紀［2022］『2030年のSX戦略 課題解決と利益を両立させる次世代サステナビリティ経営の要諦』日経BP
❺　田瀬和夫，SDGパートナーズ［2022］『SDGs思考 社会共創編 価値転換のその先へ プラスサム資本主義を目指す世界』インプレス

❻　国際統合報告評議会（IIRC）国際統合報告フレームワーク

❼　鷲田祐一［2016］『未来洞察のための思考法：シナリオによる問題解決』勁草書房

❽　日本総合研究所 未来デザイン・ラボ［2016］『新たな事業機会を見つける「未来洞察」の教科書』KADOKAWA

❾　樋口恭介［2021］『未来は予測するものではなく創造するものである ──考える自由を取り戻すための〈SF思考〉』筑摩書房

❿　デイヴィッド ピーター ストロー（著），井上英之（その他），小田理一郎（翻訳），中小路佳代子（翻訳）［2018］『社会変革のためのシステム思考実践ガイド──共に解決策を見出し，コレクティブ・インパクトを創造する』英治出版

⓫　油井清光（編集），白鳥義彦（編集），梅村麦生（編集）［2020］『社会学（3STEPシリーズ）』昭和堂

⓬　前野隆司編著［2014］『システム×デザイン思考で世界を変える』日経BP

⓭　榊巻亮［2015］『世界で一番やさしい会議の教科書』日経BP

⓮　平石直之［2021］『超ファシリテーション力』アスコム

⓯　山口高弘［2015］『アイデア・メーカー』東洋経済新報社

⓰　森時彦，ファシリテーターの道具研究会［2008］『ファシリテーターの道具箱』ダイヤモンド社

⓱　デイブ・グレイ他［2011］『ゲームストーミング』オライリー・ジャパン

⓲　情報デザインフォーラム編［2014］『情報デザインのワークショップ』丸善出版

⓳　森時彦編著［2020］『図解 組織を変えるファシリテーターの道具箱』ダイヤモンド社

⓴　ワークショップ探検部［2020］『今日から使えるワークショップのアイデア帳』翔泳社

㉑　鈴木克明監修［2016］『インストラクショナルデザインの道具箱101』北大路書房

㉒　安斎勇樹，塩瀬隆之［2020］『問いのデザイン』学芸出版社

㉓　中村文子，ボブ・パイク［2020］『研修ファシリテーションハンドブック』日本能率協会マネジメントセンター

㉔　堀公俊，加留部貴行［2010］『教育研修ファシリテーター』日本経済新聞出版

㉕　片桐あい［2020］『オンラインコミュニケーション35の魔法』自由国民社

第4章

実践編
ストーリーでわかる　サステナビリティ人材育成プログラムの設計

　第1章ではサステナビリティ（持続性）を巡る7つのテーマについて，これまでの議論や取り組みの歴史を振り返るとともに，これから企業が十分に考えておくべき課題を概観しました。これはサステナビリティの推進担当者として押さえておきたい基礎的な内容でもありますが，社内外に発信すべきサステナビリティ情報のテーマでもあります。

　第2章ではサステナビリティの担い手を「サステナビリティ人材」とし，その定義を議論しました。また，社内でサステナビリティ人材を発掘し，育成することが企業にもたらすインパクトについても触れました。

　第2章を受けて，第3章では学び合いの場に盛り込みたい内容や，学び合いの場を設計するうえで知っておきたい方法論やポイントを解説しました。

　では，具体的にどのように学び合いの場を作り上げていくのでしょうか。第4章では筆者が実際に設計や運営に携わったサステナビリティ人材育成プログラムをもとに，段階・パターン別に具体的な設計と実践方法を紹介します。第4章の大部分はサステナビリティ人材育成プログラムを設計したい企業を聞き手に設定し，企業担当者と筆者との会話形式にしています。なお，会話の多くは実際に筆者が行った打ち合わせの資料や議事録をもとに構成していますが，架空の企業として設定しています。

1 ｜ 育成プログラム実施企業の概要と本章の構成

　本章の聞き手となる企業は，国内では中堅と呼ばれる電子機器メーカーと設定します。

　第二次世界大戦後に創業し，電気機械・器具および部品など総合電子機器・部品メーカーとして多岐にわたる製品の製造・販売を行ってきました。近年は自動車や情報通信機器分野などにも事業分野を拡大し，研究開発にも注力しています。いわゆるB to B企業で，主な顧客は大手電機・電子機器メーカーや自動車メーカーなどです。

　国内に5工場，海外に3工場あり，支社・事業所数は国内に38事業所，海外に9事業所あります。従業員数は約4,000人，派遣社員を含む臨時従業員比率は約15％です。

　取引先顧客や同業他社など，SDGsに取り組む企業やESG対応を強化する企業が増えたことを受けて，自社の取り組みを強化する必要がありそうだという意識を持っています。そのために，まずはSDGsやサステナビリティに関する従業員向けの研修を企画しようという段階です。実際に筆者が受ける相談の多くも同様の背景であることがほとんどです。

　本章では，まず，サステナビリティ人材の育成のステップとしてサステナビリティの理解・浸透に焦点を当て，研修設計や具体的な方法を考えます。

図表4-1	検討するサステナビリティ人材育成プログラム
第1段階	サステナビリティ人材発掘・育成の目的を確認し，プログラム全体を設計する
第2段階	サステナビリティを「知る・理解する」（理解浸透）

　サステナビリティ人材育成プログラムを考えるにあたっては，第1段階でサステナビリティ人材発掘・育成の目的を確認したうえで，プログラムが目指す成果など全体を設計します。その後，第2段階としてサステナビリティを「知る・理解する」プログラムを検討します。

　第2段階の最後に，講義の時間割やワークショップ資料等の一部などをサンプルとして提示しています。すでに第3章でプログラムの設計方法や，プログラムで取り上げる内容などを紹介していますので，第3章を参照しながら本章を読み進めるとより理解しやすくなります。

2　第1段階　サステナビリティ人材発掘・育成の目的を確認し，プログラム全体を設計する

登場人物：経営企画部担当者（以下，経企）），人事部（以下，人事）），筆者

（経企）　本日はどうぞよろしくお願いします。さっそくですが，世の中でSDGsに取り組む企業やESG対応を強化する企業が増えており，弊社でも次の中期経営計画や株主総会などで，対外的に丁寧な説明を行う必要があるのではないかという話が経営企画部で上がっています。弊社のホームページでは「SDGs達成に向けて事業を通じた貢献をしていく」とは謳っているものの，具体的にどう貢献をしていくのか，もしくはしていけるのかを明確に表現できていないのが現状です。

　　　実際に中期経営計画に盛り込むためには，その手前で社長を含めた経営陣や従業員がSDGsを理解する必要があり，その研修をどうするかを人事部と検討しはじめたところです。

（人事）　新卒採用説明会でも，学生から我が社のSDGsについて聞かれることが非常に増えてきたので，うちで扱っている製品がどのSDGs達成に結び付いているのかを改めて資料にしておいたほうがよいと考えていたところです。最近の学生は大学でSDGsをしっかり学んでいることもあり，仮に人事部や一部の採用担当者だけがSDGsについて話ができるようになっても，入社後に先輩社員がSDGsをまったく知らないというのは問題だろうと感じています。

（筆者）　確かに就職先を考えるときに「SDGsにどう取り組んでいるか」を重視する学生が増えていますね。

　　　新型コロナウイルス感染症の感染拡大によって，サプライチェーン全体の強靭化も取り組むべき重要なテーマですし，就職活動の学生が気にする働き方や女性活躍などの取り組みも，どのような成果を出していくのかが問われる時代ですね。機械・精密機械セクターという観点で見ても，顧客企業のTCFDに対応する場合には，御社もCO_2排出量などの情報提供をしていく必要が今後増えていくでしょう。

　　　こういったサステナビリティの取り組みについて，社長を含めた経営

陣が社外に説明することを目にする機会も年々増えています。

　それから，先ほど中期経営計画や株主総会とおっしゃっていましたが，実際に中期経営計画にSDGs達成などサステナビリティの取り組みを盛り込む企業が増えています。

　お話を聞く限り，御社の場合はまず「知る・理解する」という理解・浸透のための研修から始めたいということですね。まずは達成したいゴールを決めておきましょう。

(1)　サステナビリティの研修を行う目的を確認する

人事　ゴールというのは？

筆者　例えば，「知る」だけならSDGsについての説明資料と簡単な確認テストを用意して，全従業員に「これを読んで確認テストを受けてね」という方法でも「知る」というゴールは達成できます。「従業員のXX％がサステナビリティの研修を受講しました」など，取り組んだ証しを示すこともできます。

　しかし，お２人が検討している研修が求めている成果はそういうことではないですよね。サステナビリティの研修を実施することによって，社長や従業員の方々にどうなってほしいのかというゴールをあらかじめ明確にしておくことが大事です。

経企　社長を含めた経営陣はSDGsが自社の事業とどのような関係があるのかを，少なくとも第三者に説明できることがゴールだと考えています。当社は次年度が３年間の中期経営計画の最終年度なのですが，その次の中期経営計画にはSDGsやサステナビリティを盛り込むべきだろうと考えています。したがって，これは次期中期経営計画の検討前までのゴールですね。

筆者　SDGsの達成年度である2030年までに，この先少なくともあと２回は中期経営計画を実行することになるわけですね。例えば，SDGsの達成を１つの目安とすると，2030年にSDGsが達成できている状態を想定したうえで，バックキャスト思考で，①何を，②いつまでに，③どの程度達成しておくべきかを考え，今後２回の中期経営計画に落とし込む方法が妥当でしょう。

　もちろん，計画の実行という観点からは，当然，各事業部門にも
SDGsに関連した達成目標が降りてきますし，それぞれの年度目標や評
価項目などにも含まれるでしょう。各事業部門の統括責任者は大元とな
るSDGsやサステナビリティについて理解したうえでマネジメントする
ことがますます必要になります。そう考えると，部長職以上は自部門の
業務とサステナビリティとの関係性が理解できている状態がゴールとい
えそうです。

経企　それから，特に営業部門はできれば全員が販売している製品とSDGs
との関係を理解しておくことも必要だと思います。SDGsやESGに取り
組む同業他社は今後もどんどん増えていくでしょうし，お客様もサステ
ナビリティやSDGsの取り組みをより多様化・深化させていると感じて
います。営業部門がサステナビリティを理解していないと，営業活動に
影響が出かねないという意識があります。

　また，中期経営計画の検討を念頭に置くと，サステナビリティの観点
から，新たなビジネスチャンスを議論する機会を増やす必要がありそう
ですね。例えば，再生可能エネルギーの利用率増加を含めた脱炭素の議
論を，うちの部品を使っている顧客製品の脱炭素をどうサポートするか
という観点から捉えると，新たなビジネスチャンスを見出せる可能性が
あると思います。

筆者　カーボンニュートラルも2050年に達成しようとすると，現在の取り組
みを粛々と行うだけでは到底実現することは難しく，SDGsが謳ってい
るような「大胆な変革」がどうしても必要だということを，今では多く
の企業や政府が認識しています。それ以外のサステナビリティの課題に
ついても同じです。日々の業務の延長で考えるのではなく，思い切って
視点を変えてみることで，イノベーティブなビジネスアイデアが生まれ
る可能性は十分あると思います。

人事　これからの社会を生き抜くために必要だからこそ，サステナビリティ
について「やらされ感」を持ってほしくないですね。おそらく今後は，
サステナビリティの観点から業務改善が行われたり，社内ルールが変更
されたりすることもありえます。社員全員が自部門の業務とサステナビ
リティの関係性をしっかり理解しておくことで，やらされ感を少しでも
払拭できたらよいと思います。関心がある一部の従業員の属人的な取り

組みに頼るのでもなく，組織として日頃の業務の中で自然にサステナビリティを実践できるようになることが理想ですね。

（筆者）　お２人の話を踏まえると，サステナビリティを「知る・理解する」はもちろんのこと，サステナビリティの取り組み・ビジネスを「実践する」人材になってほしいということですね。言い換えると，研修の間だけ「実践する」ことを考えるのではなく，サステナビリティの観点を踏まえて「自分で考え，動く人を増やす」ということでもあります。

　　　さらにいうと，自分で考え，動く「個人」がぽつぽつと組織の中に出現すればよいというだけではなく，本来は会社という組織としての成長や動きに有機的につなげることを目指したいということですね。つまり，日頃からそういう人材が社内で活躍し続けるために，企業側がサステナビリティの観点から人材育成と活躍の場のマネジメントをし続けることも必要だということです。

（経企）　確かにそのとおりですね。自分で考え，動くことを継続するためには，モチベーションを維持し続けることが必要ですが，それだとどうしても個人の想いややる気に頼らざるを得ない。それに「知る・理解する」も日頃から情報をアップデートし続けることが必要ですね。定期的に研修などで新しい情報を提供したり，モチベーションを刺激する機会を提供する仕掛けもあったほうがよいですね。そこは考えていなかったです。

（筆者）　つまり今回の研修の先にあるゴールは，
- 会社としてサステナビリティの取り組み・ビジネスを日頃から実践し，創出できるようになる
- 会社がサステナビリティの観点から人材の育成と活躍の場をマネジメントできるようになる

の２つといえますね。

（人事）　なるほど。この２つが達成できるとESGの取り組み結果も変わりそうですね。

（筆者）　そうですね。外部機関によるESG評価が上がることは研修の効果を測るKPIの１つとしてありうるでしょう。

　　　まずは２つのゴール達成に向けて，研修プログラムとそのフォローのあり方を検討しましょう。

(2)　サステナビリティ人材発掘・育成プログラム全体を設計する

筆者　「会社としてサステナビリティの取り組み・ビジネスを日頃から実践し，創出できるようになる」というゴール達成のためには，まずはサステナビリティを「知る・理解する」ことが必要です。それを踏まえて，サステナビリティの取り組み・ビジネスを「実践する・創出する」人材を増やす取り組みがその先に必要です。そのための研修プログラムを考えてみましょう。

　もう1つのゴールである「会社がサステナビリティの観点から人材の育成と活躍の場をマネジメントできるようになる」については，人事制度を含めた何らかの制度設計をするという方法もありますが，制度設計となると検討から実行まで時間がかかりますので，ここでは研修のフォローアップの仕組みや仕掛けとしてできることを考えます。ゴール，研修プログラムとそのフォローの関係性を図にまとめるとこのようになります（図表4－2）。

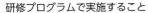

図表4－2　サステナビリティ人材発掘・育成プログラム全体像

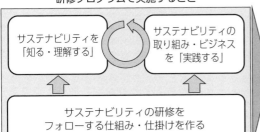

人事　この関係性の図を踏まえると，サステナビリティを「知る・理解する」ための研修と，サステナビリティの取り組みの実践を考えるための研修という2種類の研修がありうるということでしょうか。

筆者　そうですね。取り組みを実践してみる，もしくは体験してみるという研修も良いと思いますが，まずはサステナビリティを理解することが実践の土台となります。今回は「知る・理解する」の研修の中に，「どう

やって実践するか」に関する議論を含めるのがよいと思います。研修内容についてはこの後でじっくりと検討します。その前に研修のフォローアップの仕組みや仕掛けを考えてみましょう。

（人事）　このフォローアップの仕組みや仕掛けを考えることも研修内容に含まれるということですか？

（筆者）　そうですね。研修の中で社員の皆さんに仕組みや仕掛けのアイデアを考えてもらう，というほうがイメージしやすいかもしれません。例えば，サステナビリティを「知る・理解する」ための研修の中に，個人もしくは会社としてサステナビリティに関する情報をアップデートし続けるための仕組みを考えるという内容を入れることが考えられます。それから，サステナビリティの取り組み・ビジネスアイデアを実行するために会社としてどのような支援策を持つべきかを考えてもらうのも一案です。

（人事）　確かにいろいろなアイデアを出してもらえるのはありがたいです。

（筆者）　それから，通常こういった社内研修を実施するときは，研修サービスを提供する企業や大学に依頼する場合がほとんどです。しかし，せっかく研修を行ってもその半月後には研修内容をほとんど忘れてしまっているということはよくあります。サステナビリティを業務で活かす，といっても日々の仕事の中にやるべきことが組み込まれていないと，結局「自分の仕事とは関係ない」ものになってしまいます。「自分で考え，動く人を増やす」ということを考えると，研修の参加者から，自ら学習し続ける実践者への転換を促す仕組みや仕掛けを考えておきたいです。

　　また，御社くらいの規模の企業になると，全社員が参加する研修を実施するのは容易ではありません。そこで研修に参加していない人にも伝える仕掛けも併せて考えておきたいですね。

　　他の企業で実際に行っている仕掛けの例としては，

- 社内の人間だけで社内研修を行う
- 研修で考えたアイデアを社内掲示板等でシェアする，期間限定で実行する
- 社内でアイデアコンテストを実施する

などがあります。特に社内の人間だけで研修を行うと，社内の事情を踏まえたうえで内容を設計できるので，外部の講師を招くよりも業務と関連付けて理解しやすくなるというメリットがあります。

経企　うーん，コスト的には研修を内製できるとよいですが，ハードルが高い気がします。研修の設計や講師ができる社員も思いつかないですし，通常の業務に加えて講師の仕事もやってくれるかどうか…。

人事　例えば，部長職を対象に外部の企業や大学の先生を招いた研修を行って，部長職が教わった内容をそのまま各部署の一般社員に研修するという，リレー方式のようなやり方なら社員が教え合うということができそうですね。

筆者　それはよいですね！　実際にリレー方式で社内研修を展開した企業もあります。やってみたところ，講師役の部長職の方が知識を定着させることにも役立ちましたし，日々の仕事の中でやるべきこととして組み込むアイデアが出やすくなるという効果もありました。

経企　四半期に1回，各部で部内会議を開催するんですよ。年度の目標に対する進捗を確認して，営業戦略を改めて議論したり，マーケティング部からの業界情報や顧客に関する情報を共有する場なのですが，その時間を一部使って部長職が研修をすることは可能ですね。

人事　ちなみに実際にリレー方式で社内研修を実施した企業では，ちゃんと社内研修として成立したのでしょうか？　部長職が資料を配るだけで説明せずに終わる，みたいなことにはならなかったですか？

筆者　幸にして，皆さん，各部署で1時間から1.5時間の時間を取って研修していましたよ。私も2部署，部長職の方が講師になった研修を見学に行きましたが，私が実施した研修の資料を使いながらも，「うちの部署でいうと…」，「ここは○○さんが詳しそうだから意見聞かせてよ」など，部署の皆さんにわかりやすい形で細部をアレンジされていました。

　また，部署内の研修中に挙がった質問のうち，部長職の方が答えられないものは，研修の事務局担当者に質問をいったん集約しています。

　自社の取り組み状況に関するデータなどは事務局担当者が回答しますが，SDGsやサステナビリティ関連の質問については私のところに転送される形にしていました。

人事　なるほど。おそらくうちの部長職も資料を配るだけで終わらせる人はいないと思いますが，念のため部長職が実施する研修後にアンケートを取ることで，研修を確実に実施させるプレッシャーをかけてもよいかもしれないですね。

それから，何度かリレー方式で社内研修をやることにして，その間に社内講師になりそうな人を人事直轄プロジェクトか経営企画直轄プロジェクトみたいな形で育成していく，という方法はどうでしょう。

経企　それはいいですね。プロジェクトの形を取れば，社内講師の育成対象の人たちも業務として取り組むことができますし。これはむしろ社長直轄プロジェクトにできそう。

筆者　先ほどお話しした，研修の参加者を自ら学習し続ける実践者に転換する良い仕掛けだと思います。それに社内講師が複数いれば，その方々の間で研修の内容を相談しながら設計できますし，研修資料も分担して作成できるといった運営面のメリットもありますね。

経企　研修内容は，大学の先生や外部の専門家にチェックをお願いしてもよいですね。

筆者　ひとまず今回のサステナビリティを「知る・理解する」ための研修では，参加する部長職の方々がその後自分の部門で講師になることを想定して内容を設計しましょう。なお，社長や経営陣向けの研修も，同じリレー方式を採用して部長職の方が講師になることも考えられますが，実際のところ部長が社長や経営陣の講師になるのは，やりにくい部分もありそうですね。

人事　そうですね。サステナビリティの研修は初めてなので，今回は社長や経営陣向けには外部の専門家の方が講師になるほうがよいと思います。ということで，今回は講師をお願いしますね。

筆者　承知しました。

TIPS!! 1　その他のフォローアップ方法について

研修を企画する担当者としては，どうしても学習の場，あるいはワークショップそのものの設計に心血を注ぎたくなります。実施したことが担当者にとっての成果として評価される場合は，特にこの傾向が現れるように思われます。これが1〜2回集まって終わりの単発の場であればそれでもよいでしょうし，もちろんワークショップ自体の設計はとても大事です。

しかし，サステナビリティの観点を踏まえて「自分で考え，動く人を増やす」ことが本来の目的であるべきです。そういう人材を単発的に組織内で出現させるので

はなく，組織の成長や動きに有機的につなげていくのが王道です。そう考えると，企画担当者は，研修時間以外を含めた全体としての「広義のプログラム」を練っておく必要があります。

(1)　参加して終わりにしないための働きかけ

　1つ目は参加した本人が「学習の場に参加して終わり」にしないための働きかけです。これには，

① 　アンケート

② 　情報発信

③ 　社内コミュニティづくり

④ 　上司を巻き込んだ組織的な取り組み

などが考えられます。

　例えば①のアンケートは，参加直後だけでなく，数か月後にも再度実施し，研修後に自らの行動に変化があったかを聞くことが考えられます。

　②の情報発信については，研修で取り扱った内容に関連する書籍や記事，外部セミナーなどを，社内メールや掲示板機能などで適宜配信するといった工夫もできます。

　③の社内コミュニティづくりにも取り組む企業が多いですね。TeamsやSlack等のツールを活用し，社員が何を考えて，どのような取り組みをしているかを「共有して，刺激し合う場」として立ち上げるコミュニティもありますが，植林やゴミ拾いといったボランティア活動を社員自らが企画して仲間を募る，というタイプのコミュニティ作りもあります。

　④はもう少し日常業務に落とし込む方法です。事前に上司の期待する研修効果などを書いてもらい，事後のフォローも上司に参画してもらいます。ただ，この方法は上司が不適切な関わり方（例：「こんなことどうでもいいから営業活動をちゃんとして数字を達成して」と言う）をすると，本人のモチベーションを大きく損なうので注意が必要です。

(2)　プログラムに参加していない人への伝達

　2つ目は，このプログラムに参加していない人への伝達です。一体何をしたのか，どのような意見やアウトプットが出てきたのかを広報します。

　本章ではリレー方式を採用していますが，その他の方法としては社内報や，社内イントラネット上に研修のフォローアップ専門ページを設けることも考えられます。いずれの場合も，真剣に没頭して考えた人たちのアウトプットは，それだけを見ても部外者には理解できないことが多いので，発信方法はしっかり考えたほうがよいでしょう。いっそのこと研修参加者のうち，何名かに研修のアウトプットに解説文を書いてもらうのも一法ですね。他人に話したり何かに書いたりすることで本人の学びがさらに定着する効果も期待できます。

⑶ 実務・現場への連結

3つ目は実務・現場への連結です。例えば，研修中のディスカッションで自社のサプライチェーン上で発生しているかもしれない人権問題がトピックスとして挙がってきたのなら，その課題を扱っている（あるいは扱うべき）部署・人と議論する場を設ける，さらに社内で調査・研究サークルを立ち上げ，より実務に落とし込むための検討を深めるといった動きが考えられます。研修を受けただけでは，実務・現場への連結はハードルが高い場合が多いので，企画担当者が積極的にお膳立てを画策することが必要です。このような画策をフットワーク軽くやるためには，日頃からさまざまな部署に顔を出して，気軽に相談できるキーパーソンをつくっておくことが重要です。

⑷ 経営層の巻き込み

最後に，最も重要で，かつ，得てして難しいのが，経営層の巻き込みです。大前提として意識しておきたいのは，サステナビリティはトップダウンが基本，という原則です。現場の業務改善のように「やったらいい」というものとは違って，サステナビリティは物の考え方，世の中の捉え方を変え，ひいては，会社の経営の原則や常識まで変えなければならない取り組みですので，多くの場合，社内で下から働きかけるボトムアップは無理筋なのです。

本章に登場する企業では，最初から経営層向けの研修を検討していますね。このように経営層への研修をそもそも考えていたり，経営層自身がもともととても前向きな場合には比較的簡単です。経営層の思いや期待を語ってもらう場面や，研修参加者が自ら気づいたことや考えたことを経営層に伝え，それに対して経営者がどう思うかを意見交換する機会を適宜設けるのも十分効果的です。

難しいのは，経営層が後ろ向き，否定的な場合です。「経営者をやる気にさせるのだ」と気合を入れて取り組むことは，筆者らの経験上あまりオススメしません。経営者ほど信念を持って行動しており，その気持ちをガラリと変えて「よし。やろう」と思わせるのは骨が折れますし，徒労感がぬぐえないことも多々あります。「どうもやったほうがよさそうだな」程度まで感じてもらえれば合格点と考えましょう。

そのための方法を2つご紹介します。

その1が外部プレッシャーの活用です。取引先の大企業から要求してもらう，周囲の同等規模の企業に事例を紹介してもらう，取引金融機関に勉強会をしてもらう，経済団体の集会やセミナーに出席してもらい，そういう話題に触れる機会を増やす，等が考えられます。

実際に経営者の意識に変化が起きた例として，ある地域の経済団体が開催した賀詞交歓会でのエピソードを紹介します。年始ということもあり，さまざまな経営者が「我が社の事業を通じて社会が抱える課題の解決に貢献する」といった内容を挨拶の中に織り込んでいたわけです。当然，SDGsやサステナビリティという単語も飛

び交い，具体的な取り組み数値目標を掲げた経営者もいたそうです。それを聞いて「うちも何か語れるようにしておいたほうがよさそうだ」と，有識者を招聘した役員勉強会を実施しただけではなく，「自社のSDGsの取り組み」を名刺入れに入るサイズに折りたためる用紙にまとめたものを作成し，役員全員に配布したそうです。いざ社外で話をする際の「カンニングペーパー」ですね。

　方法その2として内部から働きかける場合には，いきなり取り組み提案などを持っていかないのがポイントです。もともと，疑念を持っていることに対し，途中の検討経緯を省略して結果だけ持ってこられても，人は到底納得できないものです。かえって否定の度合いが強まるのが落ちでしょう。持っていくとしたら，第3章で紹介した未来年表です。取り組みや施策には承服できなくても，将来の経営環境や世の中の変化には耳を傾けてくれる余地があるからです。

　いずれにしても，あまり過度に悲観せず，かつ，期待せず進めていく我慢強さが求められます。

---

3 ｜ 第2段階　サステナビリティを「知る・理解する」

（筆者）　さて，サステナビリティを「知る・理解する」ための研修について，具体的な中身を検討していきましょう。誰に研修に参加してもらいたいかという「研修の参加者」と参加者に何を理解してもらいたいかという「研修内容」，その研修をどのような形式で進めるのかの「実施形式」の3つの要素を含めて設計する必要があります。

（人事）　研修内容についてですが，社長や経営陣の場合は，サステナビリティを「知る・理解する」ことはもちろん必要です。しかし，これまでのお話を伺って，サステナビリティの観点から人材育成と活躍の場のマネジメントをすることをもっと意識して会社経営について議論する時間を設けることも必要だと思いました。

（経企）　先ほども話が出ましたが，中期経営計画にサステナビリティを盛り込むことを前提とすると，各事業部門の部長職など統括責任者はSDGsやサステナビリティについて理解したうえで，業務をどうマネジメントするかを考えてさらに実践できるようになることが求められます。サステナビリティを「知る・理解する」ための研修の中に，日々の業務にどう関連付けるかをテーマにディスカッションする時間を取りたいですね。

　それから，サステナビリティの取り組み・ビジネスをどう「実践」す

べきかも部長職がその中心になって議論するべきだと思っています。彼らは，自社を含めて機械・精密機械セクターが置かれている状況をより具体的に理解しています。サステナビリティの観点でうちの会社がどのような成果を出していくべきか，何となくアイデアを持っている人もいると思います。経営陣は現場から上がってきた取り組み・ビジネス案を大きく育てるための後押しや最終判断ができるようになることが重要です。

（筆者）　今回，部長職の方が講師となって一般社員の方々に研修をするリレー方式を採用することになりましたが，研修の内容についてはどう考えますか？

（経企）　今後，中期経営計画に基づいてサステナビリティの観点から業務を推進したり，組織運営のあり方が変わっていく可能性は十分ありえますから，日々の業務との関連性が理解できる内容がよいと思います。

（筆者）　確かにそのとおりですね。整理すると，サステナビリティを「知る・理解する」の研修では，研修の参加者を社長および経営陣，部長職，それから一般社員の三者に分けて実施するということですね。また，それぞれの参加者が研修で学ぶ・考えるべき内容を簡単にまとめると図表4－3のようになります。サステナビリティに関する基本的な内容や国内外の動向は，もちろんどの参加者も大なり小なり学ぶべき内容ですが，共通する内容ですのでこの表ではいったん省略します。

図表4－3	研修の参加者別，学ぶ・考えるべき内容（議論のまとめ）

研修の参加者	研修内で学ぶ・考えるべき内容
社長および経営陣	• サステナビリティの観点から考える人材育成と活躍の場のマネジメント • サステナビリティと中期経営計画
部長職	• サステナビリティと日々の業務との関連性 • サステナビリティの観点から考える業務マネジメントのあり方
一般社員	• サステナビリティと日々の業務との関連性

⑴　何を知る・理解するか――基本的に３つの「知る・理解する」内容がある

（筆者）　さて，この表も見つつ，サステナビリティを「知る・理解する」の研修プログラムを詰めていきましょう。まず何を知る・理解するかという内容についてですが，基本的には以下の３つの「知る・理解する」内容があると考えます。

　　　　１．サステナビリティ，ESG，SDGsなどの基礎的な内容とそれらの国内外の動向
　　　　２．現場で起こっている状況や当事者が抱えている課題
　　　　３．自社および自分の業務とサステナビリティとの関わり

（人事）　１つ目と３つ目はよく理解できます。２つ目は１つ目の内容の一部ではないかと思うのですが…。

（筆者）　１つ目はどちらかというとマクロ・セミマクロの情報，世界や日本，それから業界全体の傾向を取り扱います。２つ目はもっとミクロな観点です。例えば，サプライチェーン上に登場する企業が抱えている状況もその１つです。御社の場合は，委託先企業のCO_2排出量削減の取り組みにおける課題，御社が製造している製品原料となる金属・鉱物の採掘現場が抱えている環境課題や，人権といった社会的課題などもあるかもしれません。企業や人によって関心があるテーマが異なりますので，ここに含まれるテーマはかなり多岐にわたります。

（人事）　リレー方式で一般社員に研修をすることを考えると，部長職が３つ目の自社および自分の業務との関わりを理解することはかなり重要です。これを理解するためには，１つ目のマクロ・セミマクロの情報だけでなく，２つ目の委託先を含めた現場のミクロな情報をある程度知っておくことも大事ですね。

（筆者）　そうですね。先ほどお話したとおり，２つ目の現場や当事者で起こっている状況や抱えている課題についてはかなり多岐にわたるので，研修で取り扱う内容は絞り込む必要があります。あらかじめ社長と経営陣，事務局間で協議して絞り込むのも１つの方法です。それ以外に，１つ目のサステナビリティの基礎的な内容と国内外の動向をまず知り，そのうえで３つ目であるサステナビリティの課題と自社および自分の業務との

関わりを考えて整理し，その後，深掘する課題や詳しく知るべき現場や当事者を絞り込むという方法もあります。

（経企）　3つ目を通じて，サステナビリティの課題と自社や自分の業務との関わりについて仮説を立てておき，それを検証しにいくために2つ目の内容の研修を行うということですね。でも，1つ目のサステナビリティの基礎的な内容と国内外の動向がわかれば，部長職は現場をよく知る人が多いので，ある程度自動的に3つ目を理解することが可能だと思います。2つ目の内容は面白そうですが，わざわざ取り扱う必要はないような気もします。

（筆者）　では，部長職の方については現場とよくコミュニケーションを取っているので，2つ目は必要ないと判断しますか？　これら3つの内容を一度の研修ですべて盛り込む必要はありません。ただ，サステナビリティの取り組み・ビジネスをどう実践すべきかを具体的に考える中心人物ですから，いずれより具体的に現場が抱える課題を理解することが必要になる場面もあると思います。

（人事）　電子機器メーカーですから，自社工場におけるCO_2排出量や排水処理状況などはデータも公開していますし，部長職もそれはよく知っています。加えて，委託先の工場の状況なども含めて環境関連については，おそらく現場がどういう状況かをよく知っている部長職は多いと思います。環境課題は製造コストなどに影響がある場合が多いですからね。

　　人権やダイバーシティとなると，ちょっと心元ないですね。それはただの社会貢献であって本業とは関係ないと思っている人もいるんじゃないでしょうか。しかし，今後の業務のマネジメントや，サステナビリティの取り組み・ビジネスの実践面を考える際には無視できないテーマになってくると思います。やはり課題の当事者から話を聞くなど，2つ目の内容もきちんと取り入れたほうがよいと思います。

（筆者）　3つの「知る・理解する」内容のうち，どちらかといえば1つ目と2つ目は社外からインプットされる情報ですが，3つ目は自分たちで考えることを通じて状況を理解するという内容です。もう少し具体的に実際の研修プログラムでどのような項目を扱うかを見てみましょう。電子機器メーカーではありませんが，他社で提供した研修プログラムを例として示します（図表4－4）。

図表4－4	3つの「知る・理解する」内容に含まれる項目例

内　容	各内容に含まれる項目（一例）
1．サステナビリティの基礎的な内容と国内外の動向	■サステナビリティ（持続可能性）とは ・「持続可能性（サステナビリティ）」の意味とは ・SDGsを読み解く　など ■サステナビリティ関連トピックスおよび国内外や業界の動向 ・気候変動，TCFD，省エネ・再エネ ・生物多様性と自然資本，TNFD ・人権 ・労働，ダイバーシティ，インクルージョン ・ESG投資，インパクト投資　など ■サステナビリティとビジネス（リスクと機会） ・企業がサステナビリティに取り組む理由 ・取り組みのプラス面とマイナス面とは ・インパクト評価　など
2．現場や当事者で起こっている状況や抱えている課題	■当事者から見た環境・社会の課題のリアル ■課題解決を阻む要因（当事者の認識） ■企業が果たす責任や役割への期待
3．自社および自分の業務との関わり	■自社の事業は「どのような」環境・社会の課題を「どうやって」解決しているのか ・マテリアリティやESGデータの理解 ・社内の取り組み例の共有　など ■自部門は自社が環境・社会の課題を解決するうえでどのような役割を担っているか，担うことができるか ■取り組みのプラス面とマイナス面を考える

（経企）　サステナビリティの基礎的な内容と国内外の動向には，他社事例の紹介もぜひ入れてほしいですね。海外の企業だと先進的すぎたり，日本とそもそも環境や社会的な背景が違っていて，自社に当てはめにくい場合が多いので，紹介する事例は日本の企業が良いですね。日本にも先進的な取り組みや高く評価されている企業は多いと思いますが，そういった企業を事例にされても「あの会社は企業規模が大きいし，それだけ売上があるから」という理由で聞く耳を持たないことが多いので，大企業すぎず，先進的すぎない事例が望ましいです。

（筆者）　脱炭素関連の場合，今の時点で平均的な取り組みを紹介しても，国内外の制度化などの動きが速いため，半年や1年後には取り組むべき内容が増えたり変化することが考えられます。ですから1つのサステナビリ

ティの課題について，こういうアプローチをする企業もあれば，別のア
プローチをする企業もある，という形で2～3の取り組み事例を紹介す
る形にしましょう。

（人事）　2つ目の内容も取り入れたいところですが，時間を充分かけようと思
うとスケジュール調整など，運営面に課題が出そうです。ですから，ま
ずは1つ目と3つ目を先に研修プログラムで取り上げることになると思
いますし，それ自体に違和感はありません。1つ教えていただきたいの
ですが，「取り組みのプラス面とマイナス面を考える」という項目は，
具体的にどのような内容なのでしょうか。「自社および自分の業務との
関わり」にも含まれているということは，例えば，TCFDで求められて
いるようなサプライチェーン全体でCO_2排出量の計測をすることは，
CO_2排出量削減につながる大事な取り組みとして高く評価されますが，
企業にとっては時間もコストもかかるというデメリットがある，という
ような話でしょうか。

（筆者）　それも1つの例ですね。ここでは，企業内で起こるプラス面とマイナ
ス面だけでなく，社会で起こりうることにも目を向けます。わかりやす
い例としては，人工知能の技術が発達して社会でのロボット利用が増え
ると，ロボットに職を奪われ失業する人が現れるというものがあります。
また，感染症対策のために食品の個包装化を進めた結果，プラスチック
容器ごみが増えるなどもあります。

（経企）　確かに良かれと思ったことが，別の角度から見るとマイナスに作用し
ていることはいろいろとありそうです。しかし，それを考えはじめると
何もできなくなってしまうリスクもあるのではないでしょうか。

（筆者）　取り組みによってマイナスの影響が現れる可能性を常に意識すること，
それからマイナスの影響が現れることを前提に，企業として何を行うか
を考え続けることがまずは大切です。知っていながらマイナスの影響を
放置しておくことが，将来の経営リスクになることもあります。これは
「自社および自分の業務との関わり」でぜひ参加者の皆さんに議論して
いただきたい内容です。

　　それから，足元ではコスト面や技術面で，マイナスの影響を緩和する
手段が限られることもあります。御社の場合，工場を複数有しておられ
ますが，今すぐに工場を稼働させるためのエネルギーをすべて再生可能

エネルギーに転換しろといわれても，コスト面などで難しいこともあると思います。将来は技術がさらに開発され，商業化され，こういったマイナスの影響をゼロにするソリューションが容易に手に入るようになる可能性も十分ありますね。

(2)　どのように知る・理解するか——4つの実施形式の検討

（人事）　実施形式についてはどう考えればよいでしょうか？　講義形式か，社員同士のグループディスカッション形式のいずれかで実施するのかなと考えているのですが。

（筆者）　どのように知る・理解するのか，ということですね。実施形式は大きく分けると，講義形式，対話形式，体験形式，討議形式の4つがあります。それぞれの概要や特長をまとめると図表4－5のようになります。

図表4－5　　4つの実施形式

形式	概要および特長
講義形式	• 講師が参加者に対して講義を行う。講義の途中もしくは最後に質疑応答の時間を設けることが一般的。 • 新しい知識等をまとめて参加者にインプットする際に有用。
対話形式	• サプライヤー，投資家，自治体職員，NPO法人など，自社の事業領域に関連する課題等の当事者（ステークホルダー）と語り合う。 • サステナビリティの課題等を具体的に，かつ，深く理解する，多様な見方・考え方を直に知る際に有効。
体験形式	• サステナビリティの課題に取り組んでいる企業や団体等の現場に赴き，時間をかけて観察，体験する。 • 自らの体験を通じて共感性を刺激し，自分ごと化を促進したい場合だけでなく，取り組み・ビジネスアイデアを具体的に発想したい場合に有用。
討議形式	• 社内の参加者をいくつかのグループに分け，グループメンバー間で議論し，同じ課題に取り組む。 • さまざまな意見を出しながら1つの物事への理解を深める，アイデアを発想するなど，アウトプットを効率的かつ効果的に行う際に有用。 • 講義形式，対話形式，体験形式と組み合わせて実施する場合が多い。

※これら実施形式については第3章「2．レベル別　学習プログラム事例（典型プログラム，時間割）」を参照。

（人事）　対話形式はいわゆるステークホルダーダイアログ，体験形式はフィー

ルドワークと呼ばれるものですね。討議形式はグループワークやグループディスカッションという形で行う場合が多いですね。先ほどの3つの内容と組み合わせると，講義形式だけでなく対話形式や体験形式が合う場合もありそうですね。

　「知る・理解する」ではなく，サステナビリティの取り組み・ビジネス案を考えるための研修の場合は，やはり討議形式が中心でしょうか。

（筆者）　そうですね。研修内容や研修のアウトプットにもよりますが，参加者にアイデアの発想を求める場合は，討議形式を取り入れることが圧倒的に多いです。そのうえで，考えたアイデアを当事者にぶつけて意見交換をするために対話形式の研修を追加したり，アイデアを現場で試行・実証するために体験形式の研修と組み合わせるということもあります。

　サステナビリティを「知る・理解する」研修プログラムに話を戻しますが，「研修の参加者」と「研修内容」と「実施形式」の要素を組み合わせることで，研修プログラムの枠組みを作ることができるのはすでにご指摘のとおりです。

（経企）　「サステナビリティの基礎的な内容と国内外の動向」を知る・理解するには，どの参加者の場合でも講義形式が向いているだろうし，「現場や当事者で起こっている状況や抱えている課題」を知る・理解するには，対話形式や体験形式が向いている，ということですね。

（筆者）　そうですね。3つの「知る・理解する」と4つの実施形式はどう組み合わせてもよいのですが，組み合わせによって多少研修単体の効果・効能が異なります。また，どの組み合わせを選択するかは，参加者の皆さんの予定を合わせられるかどうかといった時間的な制約や，研修にかけられる予算など，運営面の都合を踏まえて最終的には決まることがほとんどです。

　それから，特に対話形式や討議形式において，ステークホルダーや社内の参加者間で議論する際の手法についても少し紹介しておきたいと思います。議論を発展させる／深めるためだけでなく，議論の内容をまとめる際の手法も含みます。

（経企）　過去の研修を振り返ってみると，グループワークでKJ法やシステム思考を使っていました。

（筆者）　いずれも有効な手法です。SDGsの達成を含め，サステナブルな社会

を実現するということは，将来の世代の欲求を満たしつつ，現在の世代の欲求も満足させる取り組みであることが必要だといわれています。現在の世代の欲求を満足させるということは，それこそ多様なステークホルダーとそれぞれのステークホルダーが抱える課題に目を配らなくてはいけません。人だけではなく生物や気候といった環境についても考えることが重要です。さっきおっしゃっていたシステム思考は，ステークホルダーが抱える課題の背景を理解することや，ステークホルダー間に影響を与え合う構造や相互作用などを理解するのに適しています。「取り組みのプラス面とマイナス面を考える」うえではとても有用です。

　それから，将来の世代にとっても満足できる成果を生み出すことがサステナビリティの取り組みに求められているということは，ステークホルダー間の影響や相互作用の時間的な変化も忘れてはいけないということです。

（人事）　システム思考は「風が吹けば桶屋が儲かる」の構造を詳らかにすることに近いと思うのですが，現在の世代におけるステークホルダー間の変化に焦点が当たっていて，30年後のような将来の話を含むケースを考えたことはなかったかもしれません。時間的変化を考えるというのは，風が吹いたら桶屋の子どもや孫がどうなるかを考える，といったことでしょうか。

（筆者）　良いたとえですね。風が吹くことによる影響や効果の範囲を，桶屋の子どもや孫，その周辺の人々，地球環境といった将来のステークホルダーにも広げて考える必要があるよ，というのがサステナビリティを考えるうえでの基本的なスタンスです。そこでサステナビリティ関連の研修でよく使うのがロジックモデルです。ロジックモデルには，ある施策がその目的を達成するに至るまでの因果関係を表したものという定義がありますが，目的を達成するまでの時間的な変化を織り込んで考える点が1つの特長です。

（経企）　つまり，私たちの事業が足下で「どのような」環境・社会の課題を「どうやって」解決しているのかを考えるだけでなく，それが時間をかけて将来の環境・社会の課題解決に結び付くという視点も持つということですね。改めて言葉にすると難しい話ではありますが，ロジックモデルを用いるとそういう視点を持ちやすいということですか。

（筆者）　そうですね。ロジックモデルはある取り組みを通じてステークホルダーに起こりえる変化，起こしたい変化を論理立てて考えるのに向いています。つまりまったくの思い付きではなく，Aが起こったならBもしくはCの変化が起こりえる，Bの変化が起こるとその先にDが，Cの変化が起こるとその先にEが…というように，考えた根拠を誰が見てもわかりやすい形でまとめるものだとご理解いただけばよいと思います。

（人事）　今回，先ほどの3つ目である「自社および自分の業務との関わり」を理解する際にロジックモデルを使うのでしょうか？

（筆者）　その予定です。例えば，どの企業もサプライチェーン全体を見渡して考え，サステナビリティの取り組みを行うことが主流になってきています。機械・精密機器セクターでいえば，先ほどから話題に出ているTCFDは言わずもがな，さらには上流で金属や鉱物資源の採掘・加工，下流では製品のリサイクルや都市鉱山の活用なども考える必要があります。御社のサプライチェーンに関わる人々のウェルビーイング以外にも，御社の製品が他社に活用されることで，将来の地域社会に暮らす人々や自然環境にどのような影響をもたらしうるかなども考慮する必要があります。ですから，「自社および自分の業務との関わりを理解する」を議論する際には，ロジックモデルという手法を活用したグループワークを取り入れるとよいと思っています。

⑶　サステナビリティを「知る・理解する」の研修プログラムのパターン──研修内容と実施形式の組み合わせの考え方

（筆者）　3つの「知る・理解する」内容と，4つの実施形式，それから研修の参加者を組み合わせて研修プログラムを確定させるわけですが，すでにお気づきのとおり研修の内容と実施形式には向いている／向いていないも多少はありますし，研修運営上のメリットやデメリットもあります。参加者が研修の内容をより効果的に理解するために向いている実施方法をまとめてみました。併せてロジ面を含めた運営上の留意点などもまとめたのが図表4 – 6です。

（人事）　研修の参加者の時間的な制約なども掛け合わせると，どのような研修を行うのが現実的かが見えてきますね。

図表4－6	研修の内容と実施形式の組み合わせ

研修の内容	サステナビリティの基礎的な内容と国内外の動向	現場や当事者で起こっている状況や抱えている課題	自社および自分の業務との関わり
	講義形式　討議形式	対話形式　体験形式　討議形式	対話形式　討議形式
実施形式	● 「サステナビリティ関連トピックスおよび国内外や業界の動向」など，さまざまなマクロ・セミマクロ情報をインプットするため，外部から専門家等を講師に招き，講義形式で行うことが基本的には向いている。 ● 「サステナビリティとビジネス（リスクと機会）」については，講義形式で情報をインプットするだけでなく，参加者間での議論を通じて，理解を深めることも一案である。	● 現場の状況や当事者から見た環境・社会の課題のリアルを理解するには，対話形式や体験形式が向いている。 ● 課題解決を阻む要因や，企業が果たす責任や役割への期待をより良く理解するために，討議形式も交えて実施するとより理解が深まることが期待できる。	● 自社および自分の業務との関わりは基本的に自ら考えるものであるため，グループディスカッションなどの討議形式が向いている。 ● 既存の社内の取り組みの共有については，当該事業部の担当者との対話を通じて，取り組みの背景にある思いなどを理解するのも一案。
留意点等	● 講義と質疑応答を含めて，1〜1.5時間程度と比較的短い時間で実施することが可能。 ● 外部の講師が実施するため，事務局側の手間が比較的軽い。 ● 「受け身」の研修になりがちで，自ら学ぶモチベーションを刺激しにくい。	● ステークホルダーダイアログなど，対話形式のみで実施する場合は，1.5時間程度と比較的短い時間で実施することも可能。 ● 体験形式で実施する場合は，半日〜複数日など，ある程度の日数が必要な場合が多く，受け入れ先機関との調整や，参加者の移動などロジ面の手間がかかる。 ● 対話形式，体験形式ともに現場や当事者からさまざまな話を引き出すことを支援する質の高いファシリテーターをアサインすることが必要。	● グループディスカッションなどの討議形式の場合，半日〜2日などある程度の時間が必要。 ● ロジックモデルを活用する場合は，方法論を学び，練習する時間も必要。 ● 参加者間の議論を促したり，議論結果をまとめることを支援する質の高いファシリテーターをアサインすることが必要。

経企　社長や経営陣向けには「サステナビリティの基礎的な内容と国内外の動向」がまず必要ですが，討議形式よりもどちらかというと効率的に講義でパパッと内容を把握する講義形式を好みそうです。それから，投資家やNPO法人を招いたステークホルダーダイアログを通じて「現場や当事者で起こっている状況や抱えている課題」も取り上げたいですね。

「自社および自分の業務との関わり」の内容も取り上げたいですが，ここは討議形式が主ですし，多忙な方が多いので時間が十分に取れない可能性が高いです。

（筆者）　では，社長や経営陣向けには「サステナビリティの基礎的な内容と国内外の動向」を講義形式で行いましょう。講義とともに，部長職の皆さんが「自社および自分の業務との関わり」の研修でディスカッションしてまとめた結果を，社長と経営陣の皆さんに共有できるとベストですね。そのディスカッション結果をもとに社長と経営陣の皆さんでも議論していただいてはどうでしょうか。部長職の皆さんにとっても，議論した結果が社長や経営陣が見るとなれば，モチベーションが刺激されるかもしれません。

（人事）　そうしましょう。部長職については，先に「サステナビリティの基礎的な内容と国内外の動向」と「自社および自分の業務との関わり」の研修を実施したいですね。今回はリレー形式で一般社員に対して部内研修を行っていただくので，伝える内容をまずはしっかり押さえてもらう必要があります。部長職向けの研修は一般社員向けの研修と同じ形式で行っていただいて，研修でやったことをそのまま自部門でやればよいという形がありがたいです。

（経企）　部長職の研修では，ファシリテーターのスキルが必要になる場面をなるべく少なくしたほうがよいのではないかと思います。コミュニケーション能力が高い部長職もいますが，多くはグループディスカッションのファシリテーターに慣れているとは言い難いので。

（筆者）　それでは，部長職向けの研修では，ファシリテーション方法についての講義や練習も入れたほうがよさそうですね。

（人事）　研修の様子を録画させていただき，あとから見直すことができるようにしておきます。それから「自社および自分の業務との関わり」は時間が必要ですが，部長職の皆さんには1か月以上前から研修の案内を出すことで，2日くらい研修のためにスケジュールを空けていただくことは可能だと思います。

（筆者）　2日あれば時間をかけてじっくり議論できますね。

（経企）　部長職向けの「現場や当事者で起こっている状況や抱えている課題」については，各部署でリレー方式で研修を実施した後，別途この研修を

実施するのがよさそうですね。

(人事)　一定期間後，サステナビリティについての最新情報をアップデートするような機会を設け，そこで改めて「現場や当事者で起こっている状況や抱えている課題」を織り込んでみてはどうでしょう。対話形式であれ，体験形式であれ，外部の方と交流するプログラムにすると，理解を深めるだけでなく，アイデア創出の刺激になりますよね。

(筆者)　そうですね。一般社員も参加したほうがよいという話が挙がっていましたから，「現場や当事者で起こっている状況や抱えている課題」の研修は一般社員の参加も前提にして，サステナビリティを「知る・理解する」の終了後に考えましょう。

　これまでの話をまとめると，今回のサステナビリティを「知る・理解する」の研修プログラムは図表4－7のようになります。

図表4－7	サステナビリティを「知る・理解する」の研修プログラム（議論のまとめ）
研修の参加者	**研修の内容，実施形式，留意点**
社長および経営陣	・「サステナビリティの基礎的な内容と国内外の動向」を講義形式で実施。 ・部長職が研修でディスカッションした「自社および自分の業務との関わり」の結果を活用し，自社の事業とサステナビリティの課題との関係性を議論する。 ・業務都合を考慮し，1.5～2時間程度で実施する。 ・部長職の研修よりも後に開催することが必要。
部長職	・「サステナビリティの基礎的な内容と国内外の動向」を講義形式で実施。 ・「自社および自分の業務との関わり」を討議形式で実施。 ・自部門で一般社員向けに研修を行うために必要なスキルの習得も研修内容に含める。 ・研修は2日間で詳細を設計する。
一般社員	・各部門内の定例会議等の時間を使って，部長職から「サステナビリティの基礎的な内容と国内外の動向」の講義を受ける。 ・「自社および自分の業務との関わり」については部長職も参加して討議形式で実施する。

(経企)　いいですね。良い研修ができそうです。

4 | 実施したプログラムの解説

　これまで人事部と経営企画部との対話形式で見てきた研修プログラムについて，実際に使用した資料を一部参照しつつ，どのように実施したかを解説形式で紹介します。

| 図表4－8 | 部長職向けの研修プログラム |

DAY1

時間	セッション	概　要
15分	オリエンテーション	• ご挨拶 • 事務局より研修の目的について説明 • 講師紹介 • 研修の進め方（時間割について）
90分	レクチャー&ディスカッション 「企業が知っておくべきサステナビリティとは〜前半〜」 講師：外部講師	1．サステナビリティ（持続可能性）とは • ディスカッション①　「サステナビリティ（持続可能性）とは？」 　──サステナビリティの意味をグループメンバーで議論しましょう 　議論した結果を簡潔に書き出してください（15分） • ディスカッション②　「企業はサステナビリティに取り組む必要があるのか？」 　──企業がサステナビリティに取り組む必要があるか，それとも特に考えなくてもよいのかについて，皆さんの率直な意見をグループメンバー間で話してみてください（15分） • レクチャー：「持続可能性（サステナビリティ）」の意味とは（15分） 2．押さえておきたいサステナビリティ関連トピックス（35分） • 気候変動，TCFD，省エネ・再エネ • 生物多様性と自然資本，TNFD • 人権 • 労働，ダイバーシティ，インクルージョン 3．質疑応答（10分）
10分	休憩	

①

60分	レクチャー&ディスカッション 「企業が知っておくべきサステナビリティとは〜後半〜」 講師：外部講師	4．サステナビリティとビジネス（リスクと機会） • ディスカッション②の続き 　ディスカッション②で各グループで話し合った内容を発表 　（発表時間：各グループ5分） • レクチャー：サステナビリティとビジネス（20分） 　──日本企業のサステナビリティ取り組み状況 　──企業が取り組む必要があると考える理由5選 5．質疑応答（10分）	
60分	休憩		
45分	レクチャー 「当社のサステナビリティの取り組みについて」 講師：経営企画部	1．当社のサステナビリティの取り組み方針，現在までの取り組み状況について • 会社としての取り組み方針 • CO_2排出量，節電などの取り組み状況・データ 2．当社のサステナビリティ関連の情報発信 • 社内向けの情報発信の方法，発信媒体の説明 • お客様，お取引企業向けの当社サステナビリティ説明資料について 3．質疑応答	② ←
5分	休憩		
90分	ディスカッション 「取り組みの効果・影響を考える」 講師：外部講師	1．例題を使ったディスカッション • ディスカッション③：「取り組みの効果・影響を考える」 　──例題に書かれた取り組みについて，誰にどのような効果，影響をもたらしうるかを考えてみましょう（40分） 2．発表（30分） 3．レクチャー（解説）：取り組みのプラス面とマイナス面（10分） 4．質疑応答（10分）	③ ←
2分	クロージング	DAY2の進め方，事務局からの連絡	

DAY2

時間	セッション	概　要
5分	DAY1の振り返り	• DAY1のレクチャー内容の振り返り
75分	ディスカッション 「自分の業務とサステナビリティとの関係を見出す 〜前半〜」 講師：外部講師	1．重要なステークホルダーを見出す • ディスカッション④「自分の業務を取り巻くステークホルダー」 ──自分の業務に関連のある人や環境などを書き出してみましょう（30分） 2．ディスカッション④発表 • ディスカッション④で各グループで話し合った内容を発表 （発表時間：各グループ7分）
10分	休憩	
90分	ディスカッション 「自分の業務とサステナビリティとの関係を見出す 〜後半〜」 講師：外部講師	3．ロジックモデルの使い方・作成方法 • レクチャー：ロジックモデルとは，ロジックモデルの作成方法（30分） 4．自社の取り組みがステークホルダーにもたらす効果・影響を考える • ディスカッション⑤「自分の業務とサステナビリティの関係を考える」 ──ロジックモデルを活用して自分の業務とサステナビリティの関係を表してみましょう（60分）
60分	休憩	
90分	ディスカッション 「自分の業務とサステナビリティとの関係を見出す 〜発表〜」 講師：外部講師	5．ディスカッション⑤の続き • ディスカッション②で各グループで話し合った内容を発表 （発表時間：各グループ7分＋質疑応答・コメント8分） 6．全体を通じての質疑応答（10分）
10分	休憩	
30分	各部署での講義方法について 講師：外部講師，経営企画部	1．各部署で講義する場合の時間割 2．レクチャー資料とレクチャー時のポイント 3．ディスカッションの進め方，アドバイス方法 4．部署としての意見のとりまとめ方法 5．質疑応答
2分	クロージング	事務局からの連絡等

④ ←

① 「企業が知っておくべきサステナビリティとは」について（DAY 1, 図表4-8①）

　今回の部長職向けの研修プログラムは2日間にわたり，それぞれ午前中から午後にかけて行っています。冒頭でサステナビリティの取り組み意義を議論する時間を取っていますが，これは業務の中でサステナビリティを理解する必要性を感じたことがあるか，この先，事業を推進するにあたって本当に取り組む必要性があるか，ただのコストでしかないのではないかなど，率直な意見をまずは口に出してみる場です。批判的な意見が出ても問題ありません。また，このディスカッションの意図には「誰の発言でも真摯に受け止める」ことをお互いに確認するとともに，部長職の方々が日頃サステナビリティについてどう感じているのかを把握するという意図があります。以下，筆者が実施した研修で実際に挙がった意見をいくつかご紹介します。

【サステナビリティの取り組み意義について日頃感じていること（例）】

■サステナビリティは理解しておく必要がある。世の中でSDGsに注目が集まっていることを踏まえると，2030年のSDGs達成状況によっては，企業に対して環境や働き方などの面で厳しい規制が導入される恐れがある。

■サステナビリティに取り組むと，自社の多様性が確保され，女性の社会復帰のしやすさや組織改善が進み離職率が減る。その結果として会社の販管費を抑えることができるため取り組む意義は高い。

■営業ノルマ以外の視点で，事業推進のための活動の幅を広げていく必要があると日々感じている。サステナビリティはお客様にとって中長期目線で必要な取り組みや事業成果を考えるヒントにもなり，営業にとっては知っておくべき内容だと考える。

■SDGsを中心にサステナビリティに取り組まないことにより，社会の発展に貢献する意図がない企業とみなされる懸念がある。中長期目線で考えると，新たな取引先や就職活動の学生などからの企業評価の低下につながるだろう。

■サステナビリティに取り組むことは，実際に企業活動の本質（=営利）と逆行しているのではないかと感じている。本当に必要なのか。

■サステナビリティは人によって考え方や感じ方にばらつきがあり，確たる取り組み基準が不明。CO_2排出量や廃棄物量などすでに把握できているもの以外については，業務に導入すると進捗把握のために費やす時間を無駄に増やすことにつながりそう。

　いかがでしょうか。サステナビリティに取り組むことに好意的な意見が多い一方で，短期的には手間・コストであり，営利追求を目的とする企業活動の足を引っ張るのではないかという意見も多く見られます。特に現場からあがる意見の中でも上位を占めるのではないでしょうか。このようにあがった意見に対しては，研修プログラム内のどこかで外部講師や社内の研修事務局が回答するようにします。この研修では「4．サステナビリティとビジネス（リスクと機会）」で主に議論します。ただし，企業としての意見・方針に関わる内容など，即答できないものについては翌日に回答するか，もしくは研修終了時までにいつ頃回答するかを示すのがよいでしょう。

　ちなみに上記で紹介した意見は，すべて，間違っていると判断できるほどの事実は現時点では確認されていません。例えばサステナビリティに取り組むことはコスト増加につながるという指摘は，一会計年度単位で見れば事象として起こっています。具体的な例でいうと，TCFDに対応するためには，サプライチェーン上にある取引先企業の地球温暖化ガス排出量をCO_2排出量に換算して把握する必要があり，自社内だけでなく取引先にも把握のための手間やコストがかかります。実際にTCFD対応のために社内での説得等で苦労されている企業の方もいらっしゃるでしょう。

　他方で地球温暖化ガス排出量削減にまったく取り組まなくてもよいのか，自然発生的に地球温暖化ガス排出量が下がるかというと，そのシナリオはもはやありえないということは第1章で紹介した資料等に書かれています。つまり，サステナビリティに取り組むことで持続的にGDPの拡大といったような経済成長・発展が確実に起こると言い切れない面がある一方で，取り組まなければ経済成長・発展がマイナスに転じることはかなり確度の高い仮説として，ほとんどの国や企業が理解しているというのが現状です。

　サステナビリティについては30年，50年といった長期間をかけて取り組む必要があり，会計年度単位などの企業活動でよく使われる時間軸とは異なる時間軸で議論している場合がほとんどです。また，取り組まなかった場合のリスクは，自社だけでなく地域社会や環境全体に影響することもわかっています。つまり，先ほどのTCFD対応でいえば，短期間で見ると企業にとってはコストかもしれませんが，地球の気温上昇を緩和するという間接的な効果を生み出すことによって，長期的には企業利益を一定水準以上下げないことが期待できるともいえるわけです。

　サステナビリティに関して国内外ではどのような議論が展開されているかを理解するのが「２．押さえておきたいサステナビリティ関連トピックス」です。第１章でサステナビリティを推進する担当者が押さえておくべき内容を網羅的に解説していますので，その中から自社にとって理解しておくべき内容を選択してください。特にこの業種だからこの話題でなければならない，など決まったものはありません。多くの企業では気候変動や人権は外せないトピックスとして入れますが，それ以外の話題は比較的，柔軟に組み合わせています。

②　「当社のサステナビリティの取り組みについて」（DAY１　図表４－８②）

　ここは研修の事務局から社内の方に講師を依頼します。部長職以上であれば自社のサステナビリティ関連の取り組み状況については把握しているため，この研修は必要ないのではないか，と考える方がいらっしゃるかもしれません。もしくは，この電子機器メーカーの場合は，取り組みが本格化する手前であり，共有できるほどの情報もないだろうと考える方もいらっしゃるでしょう。今回はリレー形式で部長職が自分の部門でサステナビリティの研修を行うことを前提としていますので，足下の自社の取り組み状況を正確に伝えるという目的もあり，このセッションを設けています。

　話す内容は社内で調整をしています。研修で使う資料を作成する際には，まずは具体的な数値を示しながら，現在の状況を示すことに注力します。CO_2排出量やオフィスからの廃棄物，グリーン調達などがわかりやすいと思います。その他，人権に対する考え方，働き方やダイバーシティについての取り組みや考え方など，足下の取り組みを紹介します。

　研修内容に盛り込んでおきたいのは，従業員やお客様，取引先企業などがサステナビリティ関連の取り組み状況を知りたい場合に，どこにその情報がまとまっているかという情報のアクセス先を示しておくことです。また，社外の方から質問を受ける場面を想定し，現在は取り組めていないことやこれから取り組むことについて，どのように説明するかを，研修事務局の意見でも構いませんので，一通り共有しておくのも一案です。部長職が自分の部門でサステナビリティの研修を行う際に，話の内容にばらつきが出ない工夫をしておきましょう。

③ 「取り組みの効果・影響を考える」について（DAY１，図表４－８③）

　ここでは例題を使って，サステナビリティの取り組みがもたらしうる効果や影響を考えます。DAY２のプログラムに「自分の業務とサステナビリティとの関係を見出す」セッションを設けていますが，その練習のような位置付けでもあります。筆者が研修プログラムの講師を任される場合は，例題は以下のような実際の事例を見ながら企業に合ったものを選択することが多いです。

(a)　同業他社のCSRやサステナビリティの取り組み（外国企業を含む）

(b)　別の業界の優れたサステナビリティの取り組み

(c)　インパクト評価レポート

　もし自社でこの研修セッションを内製される場合，(a)同業他社を事例に取り上げるなら，おそらく思いつく企業のウェブサイトに掲載されている情報を見にいくと思われます。筆者も実際の研修プログラムを作成する段階で，事例として取り上げたい企業名を直接研修事務局の担当者に挙げていただくことも少なくありません。同業他社名を挙げる場合がほとんどです。

　また，(b)別の業界の優れたサステナビリティの取り組みについては，日本国内であれば，代表例として，外務省が毎年表彰を行うジャパンSDGsアワード，大手新聞社が主催するSDGsに貢献する企業を表彰するイベント等で表彰された企業や団体の取り組みの中から選ぶのも１つの方法です。また，日本取引所グループ「JPX ESG Knowledge Hub」でも企業の取り組み事例が紹介されています。

　(c)インパクト評価レポートは，日本国内の場合はスタートアップ，インパクト投資機関やNPO法人が公表しているものが見つけやすいでしょう。DAY２で実施するロジックモデルを用いて取り組みの効果や影響を議論しているものが多いので，「模範解答例」が手に入りやすいという利点があります。さまざまな企業や団体のインパクト評価レポートを一般財団法人社会的インパクト・マネジメント・イニシアティブ（SIMI）がホームページにまとめていますので，まずはSIMIのホームページで事例を探すことから始めてもよいでしょう。

　これらの事例をもとに研修資料として，図表４－９の枠を使って情報を整理することで例題資料とします。この例題資料をもとにグループで誰にどのよう

な効果，影響をもたらしうるかを議論し，意見をまとめます。このディスカッションの後，まとめた意見を発表することを考慮し，意見をまとめるためのフォーマットとして図表4-10を提供します。もちろんフレームは他のものでも構いません。先入観をなくすために真っ白の紙で議論したいという場合もあります。ここでは「誰」や「何」といった効果や影響を受ける主体を幅広く出すことが大切です。

図表4-9　「取り組みの効果・影響を考える」ワークの例題作成用フレーム

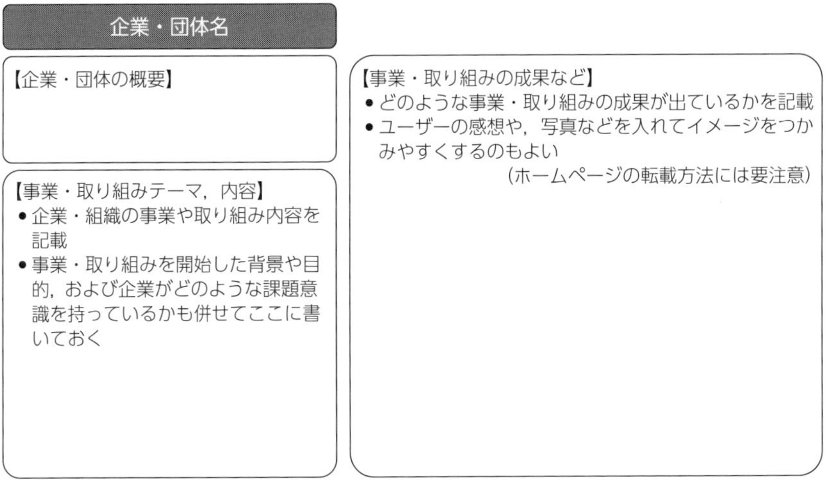

企業・団体名

【企業・団体の概要】

【事業・取り組みテーマ，内容】
- 企業・組織の事業や取り組み内容を記載
- 事業・取り組みを開始した背景や目的，および企業がどのような課題意識を持っているかも併せてここに書いておく

【事業・取り組みの成果など】
- どのような事業・取り組みの成果が出ているかを記載
- ユーザーの感想や，写真などを入れてイメージをつかみやすくするのもよい
  （ホームページの転載方法には要注意）

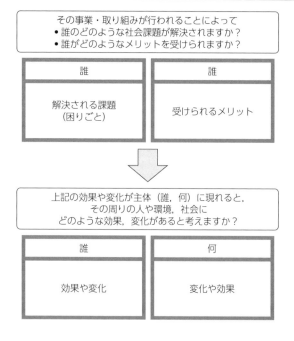

| 図表4－10 | 「取り組みの効果・影響を考える」ワークの意見をまとめるフレーム |

取り組みの効果や影響を考える際，プラスだけでなくマイナスの影響が出て
しまう可能性も考えておくことがポイントです。研修の企画時の会話の中でも
出てきましたが，AIの活用と失業，感染症対策のための個包装化とプラスチッ
ク容器廃棄物の増加など，取り組みによって社会にとってはマイナスの影響が
生まれることがあります。取り組みが推進されることによって，製品やサービ
ス提供から廃棄にわたるサプライチェーン上で，誰かが，もしくはどこかの企
業が不利益を被っていないかという観点で議論を進めるように，グループでの
議論の最中にファシリテーターなど第三者が適宜コメントを入れられるとよい
と思います。

④　自分の業務とサステナビリティとの関係を見出す（DAY 2，図表4
　－8④)

　DAY 1のディスカッション③を受けて，DAY 2では自分の業務とサステナ
ビリティとの関係を見出すディスカッションを行います。DAY 1のディスカッ

ション③では，取り組みによって影響を受け変化する人やモノについて議論をしていますが，それを自社の事業に当てはめて議論します。まずは自社の事業を通じて直接的，間接的に変化を受ける人やモノなどを，ディスカッション④「自分の業務を取り巻くステークホルダー」の中で洗い出します。

　システム思考に慣れている方はシステム思考で考えていくとよいと思います。サステナビリティの観点から，自分の業務によって影響や変化を及ぼしうる相手を特定する作業です。もちろん間接的に影響を与える相手まで含めると，かなりの数のステークホルダーが挙がります。よく取る手段としてはアイデアを出す時間を10分以内，もしくはステークホルダー20主体など，あらかじめ制限や目標を決めておきます。

　ここで出てきたステークホルダーに現れる変化を，ディスカッション⑤「自分の業務とサステナビリティの関係を考える」で議論するため，ディスカッション④の段階では重要だと考えるステークホルダーを３〜５つに絞っておきます。

　ディスカッション⑤「自分の業務とサステナビリティの関係を考える」方法として，この研修ではロジックモデルを活用します。ロジックモデルについては第３章で作成方法やサンプルなどを紹介していますので，ここでは議論を進めるうえでの注意点などを解説します。ここで作成するのは，活動起点のロジックモデルです。つまり，自分の業務によってどのような結果が生み出され（アウトプット），それによって，どのような変化や効果を世の中にもたらすか（アウトカム）を数珠つなぎで考えていきます（図表４-11）。

図表４−11　活動起点のロジックモデル

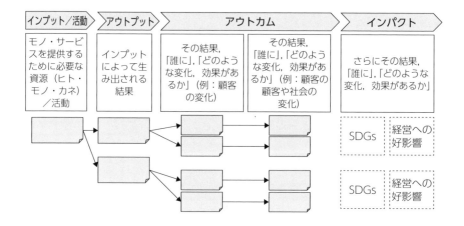

　このロジックモデルを議論するときのポイントは，時間軸とステークホルダーの種類です。すでに述べたとおり，ステークホルダーについては，数が多いほどロジックモデルの議論をする際に幅が広がるという良い面はあるものの，ロジックモデルを作成する手間がかかります。今回は研修ですので，重要なステークホルダー（変化や影響を受ける主体）に絞ってロジックモデルを作成します。

　もう１つのポイントは時間軸です。これは特にアウトカムを議論する際に考慮します。具体的に何年何月，としなくても例えば初期段階，中期段階，最終段階という形で時間軸を置いてみるのも一案です。具体的な例としては，その自分の業務を実施した場合，半年〜１年程度で現れる効果や変化を初期段階のアウトカム，１年〜３年で現れる効果や変化を中期段階のアウトカム，３年〜10年かけて現れる効果や変化を最終段階のアウトカムとするなどがあります。この時間軸の置き方に特に決まったルールはありませんが，中期経営計画に記載された事業計画や事業方針などを参考に，最終段階のアウトカムを中期経営計画の最終年度である３年後などと設定するとわかりやすいと思います。

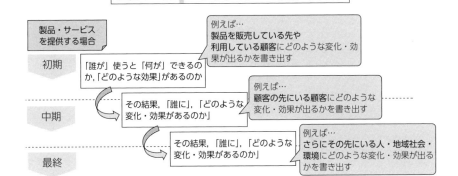

図表4－12　ロジックモデルの議論の進め方

⑤　「各部署での講義方法について」

　最後に，部長職の方々が自分の部門でサステナビリティ研修を行う際の進め方について議論をします。この研修は2日間にかけて実施しましたが，各部門でのサステナビリティ研修にかけられる時間は平均するとおよそ1〜1.5時間である場合が多いと思います。そうすると2日間，部長職の方々が体験したプログラムをすべて実施するわけにはいきません。各部門の一般社員の方々に伝えたいこと，理解してほしいことに絞る必要があります。

　今回，各部門では時間の都合も考慮し，DAY1に取り上げた「企業が知っておくべきサステナビリティとは」のレクチャー部分に加えて，DAY2で部長職の方々が作成したロジックモデルをもとに，各部署の業務とサステナビリティとの関係を各部内で議論することにします。

　本章の事例では外部講師が研修を担当していますので，外部講師が作成したレクチャー用の資料の中から，あらかじめ研修事務局が部長職が研修をする際に使ってもらいたい資料をピックアップしておきます。どの資料を選んだのか，選んだ理由を「レクチャー時のポイント」として研修事務局から部長職の皆さんに説明してもらいます。企業によって重視するポイントや一般社員が理解し

やすいポイントは異なりますので，ここは研修事務局の担当者側がリードしつつ，内容を詰めていきます。

ロジックモデルについては部長職の研修内で作成したものを部内で説明し，以下について議論します。

(a) 自分の業務がサステナビリティの課題解決につながっていることがうまく理解できたか，特にどの部分が印象に残ったか
(b) 自分の業務によって，サステナビリティの観点からマイナスの効果や変化を与える可能性があることをよく理解できたか
(c) 特に大事だと考えるアウトカムはどれか
(d) (c)のアウトカムを着実に生み出すために，実際に日々の業務で工夫できることは何か

ロジックモデルを初めて見る方もいらっしゃると思うので，(a)と(b)についてはロジックモデルを見た感想などを意見として出していただくのでも構いません。このとき，ロジックモデルに論理の飛躍があると感じた点などが質問で挙がるとよいと思います。特に議論したいのは(c)と(d)です。サステナビリティを考える際，さまざまなステークホルダー，そして将来という時間軸など多岐にわたる視点が必要です。したがって，ここでは年齢や役職など関係なく，さまざまな観点から意見を出してもらうことが大事です。意見を出しやすい環境づくりなどは第3章でも紹介していますが，TIPS‼2も参考にしてください。

ここでどのような意見が挙がったのか，実際に研修を受けた部長職の皆さんに共有しておきます。共有方法としては，ロジックモデルの上に赤字などでわかりやすい形で追記をするとよいと思われます。

TIPS!! 2 　研修プログラム実施の環境づくり（例）

　例えば，社長が現場に出向いて，社員の意見を聴く会を企画したとしましょう。このとき，小学校の教室のように，大きな部屋の前方の教壇のような席に社長が座り，社員は社長のほうを向いて整然と並んだ机・椅子に座ると，その場は「社長のお話を厳粛に聞く」雰囲気になり，社員としてはいくら自由に意見を言えといわれてもとてもそんな気持ちにはなれないでしょう。逆に，こぢんまりした部屋で，人数も少なめにし，丸テーブルを囲んで，上座も下座もない着席をすれば，ある程度は本音もぽつぽつ話しやすくなるはずです。

　つまり，同じ問いで同じアクティビティをするにしても，参加者をどのような環境下に置くかによって，求めている成果の成否が変わってくるのです。どうせやることは一緒だ，と軽視せず，求める効果を最大限に引き出すにはどのような環境を整えたらよいのかを考えましょう。

　環境を整えるうえで考えたい主な観点は以下のとおりです。

> **場所**　　会社の会議室にこだわる必要はありません。食堂の一角を使う場合もあります。また，社外の施設を使うほうが気分が変わってよいケースもあるでしょう。ひょっとしたら屋外がいいかもしれません。制約を取り払って考えてみましょう。

> **部屋**　　人数に合った適切な広さを選びます。広ければよいというものではなく，広すぎると皆の熱意が散らばってしまい，集中力や一体感が生まれにくくなります。明るさや窓の有無も大事です。窓が大きいと開放的になりますが，窓だらけでは集中しにくくなります。検討成果を模造紙に描いて発表したい場合には，模造紙を貼れるだけの壁面があることが重要になります。作りたい雰囲気やアクティビティに応じて可能な限り適した部屋を選びましょう。じっくり語り合いたいなら畳敷きの小部屋もよいものですよ。

> **グループサイズ**　　途中でグループ討議を入れたい場合には，何人でグループを組むかを考えます。さっと手早く意見交換をする，手っ取り早く全員口を開く機会を設ける，という目的なら2人ないし3人がお勧めですし，多様な意見も交換しつつじっくり考えて，何らかの成果物にまとめる，という目的なら4～6人が標準的です。7人を超えると明らかに参加度合いの高低の差が出てくるので，グループ討議に慣れた方々以外にはお勧めしません。

座席配置　状況とグループサイズに応じて，適切な配置を選んでください。通常はアイランド型にすることが多いですが，トータル15名ぐらいまでで，レクチャーを聴きつつ適宜，近くの人と意見交換，という状況でしたら，コの字型が適しています。もっと人数が増えたら，扇型（シアター型）という手もあります。また，全員で話し込むならサークル型がよいでしょう。アイランド型に机を配置するときも，きっちり碁盤のマス目のように並べると硬い雰囲気になります。少しだけ傾けて配置を崩すとフランクな感じになります。また，そもそもの前提として，机や椅子を柔軟に配置変更できることは重要です。重役室のように大机が固定されている部屋は努めて避けるようにします。

図表4－13　机と椅子の配置

コの字型

扇形

アイランド型

サークル型

| その他 | 他にも，お菓子や飲み物の準備，照明（極端な例：カーテンを引き部屋を暗くして，サークルの真ん中にロウソクを灯せば，1人ひとりの思いや内省が出てきやすくなる等），音楽，花等飾りつけで場の演出をしてみてください。ホワイトボード，模造紙，付箋，ペン，マーキングシール（投票する時に便利）といった小道具も考えておきましょう。なお，アイデア投票の際，皆で立ち上がって票入れすると，その場の同調圧力を相当強く受けます（誰も票を入れていないアイデアにシールを貼るのはためらわれる等）。これを避けるにはWebアンケートが打ってつけです。最新技術もうまく利用しましょう。 |

　障碍者の方が参加される場合には，通訳者や介護者の方の手配，その人の座るスペース確保，動線の工夫等にも配慮することが必要になってきます。

5　終わりに

　本章では主にサステナビリティを「知る・理解する」研修を具体的にどう計画し，どのようなプログラムで実施するかを紹介しました。新しい事業案を考える研修も世の中には多くありますが，その土台にはサステナビリティを理解し，日頃から関連する話題に目を向ける姿勢が重要です。第1章ではサステナビリティに関して押さえておきたいトピックスを解説していますが，今一度それらのトピックスについての最新情報にアンテナを張り，研修の設計に活かすサイクルにつなげていくことが必要です。

資料集

① おススメウェブサイト

　第1章の科目別に資料集を作りました。「初心者から」とした団体のホームページは，初めて見てもわかりやすい構造で，よく引用される図表やグラフが掲載されています。ある程度はっきりとした目的を持っていた方が使えそうな団体については，中級以上または上級者向けとしました。

● ESG投資

	団　　体	使 い 方
世界／初心者から	責任投資原則 https://www.unpri.org	署名している投資家の数や資産残高，顔ぶれを知りたいとき。投資家連合として世界最大規模。
世界／中級以上	国連環境計画金融イニシアティブ https://www.unepfi.org	銀行や運用機関，保険などのセクター別に行動原則やネットゼロのためのグループがある。日本語情報もあり。セクター別の動きを知りたいとき。
欧州／上級者向け	欧州委員会 https://ec.europa.eu/info/business-economy-euro/banking-and-finance/sustainable-finance_en	欧州委員会によるサステナブル活動のためのタクソノミや域内向けのグリーンボンド基準を知りたいとき。
世界／上級者向け	Global Sustainable Investment Alliance（GSIA） http://www.gsi-alliance.org	世界のサステナブル投資残高や，投資手法別・地域別の内訳を知りたいとき。2年ごとに更新される。
世界／中級以上	国際サステナビリティ基準審議会（ISSB） https://www.ifrs.org/groups/international-sustainability-standards-board/	世界のサステナビリティ情報開示基準の統一化の状況を知りたいとき。
日本／初心者から	金融庁「金融行政とSDGs」 https://www.fsa.go.jp/policy/sdgs/FSAStrategyforSDGs_2020.html	金融庁による企業・投資家・金融機関へのアプローチを大づかみに知りたいとき。
日本／中級以上	金融庁「サステナブルファイナンス有識者会議」 https://www.fsa.go.jp/singi/sustainable_finance/index.html	金融庁に対する提言という形で報告書が公表されている。今後の政策の方向性を知りたいとき。

日本／中級以上	サステナビリティ基準委員会（SSBJ） https://www.asb.or.jp/jp/fasf-asbj/list-ssbj_2.html	ISSBを受けて，財務会計基準機構の下に設置された，国内の開示基準委員会。2022年7月に正式発足した。
日本／上級者向け	GPIF（年金積立金管理運用独立行政法人）「ESG・スチュワードシップ」 https://www.gpif.go.jp/esg-stw/	世界最大のアセットオーナーであるGPIFの考え方や取り組み状況を知りたいとき。
日本／初心者から	日本取引所グループ「JPX ESG Knowledge Hub https://www.jpx.co.jp/corporate/sustainability/esgknowledgehub/index.html	上場企業のための資料集。国内外の動向や取り組み事例へのリンクがある。
日本／初心者から	JSIF（日本サステナブル投資フォーラム） https://japansif.com/	国内の社会的責任投資黎明期より，サステナブル投資残高を調査しているNPO法人。GSIAに情報を提供。
日本／初心者から	TCFDコンソーシアム https://tcfd-consortium.jp	TCFD提言を受け日本で独自に立ち上げ。賛同企業や各省庁の情報を閲覧したいとき。概要を把握したあとはTCFDの公式ホームページを参照されたい。ただし，今後の情報開示のフレームワークについてはISSBをまず参照。

●インパクト投資

	団　体	使　い　方
世界／上級者向け	GSG（The Global Steering Group for Impact Investment） https://gsgii.org	35か国がメンバーとなっている世界のインパクト投資推進団体（英国の非営利法人）。
世界／中級以上	GIIN（Global Impact Investing Network） https://thegiin.org	ロックフェラー財団とJPモルガンが始めたインパクト投資の市場規模調査を受け継ぐ民間団体。インパクト投資の国やテーマ別の最新情報を知りたいとき。
日本／中級以上	GSG国内諮問委員会 https://impactinvestment.jp/index.html	GSGの日本国内の諮問委員会。日本のインパクト投資の現状レポートを発行している。国内の推進状況や現状を知りたいとき。

●気候変動

	団　体	使 い 方
世界／中級以上	気候変動枠組条約（UNFCCC） https://unfccc.int 締約国会議（COP） 2021年の英国開催分はこちら。 https://ukcop26.org 2022年のエジプト開催分はこちら。 https://cop27.eg	毎年（通常）11月末〜12月に開催される会議サイトでは、会議までの準備状況や議題、会期中のサイドイベントも知ることができる。開催国が会議サイトを作るため、毎年変わる点に注意。
世界／上級者向け	気候変動に関する政府間パネル（IPCC） https://www.ipcc.ch	世界の科学者からのメッセージを原文で読みたいとき。
世界／中級以上	世界エネルギー機関（IEA） https://www.iea.org ネットゼロシナリオについてはこちら。 https://www.iea.org/topics/net-zero-emissions	世界全体のエネルギー需給状況や、ネットゼロに向けたシナリオについて知りたいとき。温室効果ガスの排出に関わるさまざまな原単位等を入手できる。
日本／中級以上	環境省 温室効果ガス排出量算定・報告・公表制度 https://ghg-santeikohyo.env.go.jp	温室効果ガス排出量の基本的な計算方法や排出係数を知りたいとき。このほかにもサプライチェーン上の削減など、マニュアル類が充実している。
日本／中級以上	資源エネルギー庁 https://www.enecho.meti.go.jp	国内の発電所の状況をはじめ、エネルギーに関するデータを調べたいとき。
日本／初心者から	国立研究開発法人国立環境研究所 https://www.nies.go.jp	略称は「国環研」。気候変動適応情報プラットフォーム（A-PLAT）も運営。科学的な内容や、専門用語のわかりやすい説明を知りたいとき。

●生物多様性と自然資本

	団　体	使 い 方
世界／上級者向け	生物多様性及び生態系サービスに関する政府間科学・政策プラットフォーム（IPBES） https://ipbes.net	IPCCの生物多様性版。頻繁に参照することは今のところ少ないと思われるが、今後の活動に注目したい。
世界／中級以上	国連環境計画 https://www.unep.org	国連の取り組みや、特にSDGsに関する指標の動向を調べたいとき。

世界／中級以上	エレン・マッカーサー財団 https://ellenmacarthurfoundation. org	サーキュラーエコノミーや自然資本を専門とする非営利組織。海洋プラスチックや自然資本に関するまとまったレポートを読みたいとき。
日本／初心者から	WWFジャパン（世界自然保護基金） https://www.wwf.or.jp	国際環境NGOの1つ。生き物や海洋に関する情報が充実しており，海洋プラスチックについて調べたいときなどに参照しやすいサイト。
日本／初心者から	環境省自然環境局生物多様性センター https://www.biodic.go.jp	自然環境に関する調査資料が集められており，環境学習の素材を探したいときにも参考になるサイト。

●人権

	団　体	使　い　方
世界／上級者向け	国連　人権理事会（UNHRC） https://www.ohchr.org/en/ hrbodies/hrc/home	国際連合の総会の下部機関として2006年に設立。2011年には「ビジネスと人権に関する指導原則」を採択した。加盟国における人権に対するレビュー状況を知りたいとき。
世界／中級以上	国連人権高等弁務官事務所（OHCHR） https://www.ohchr.org/en/special- procedures/wg-business/national- action-plans-business-and-human- rights　（国別行動計画のページ）	国連の人権活動についてさまざまな事務局を務める機関。テーマ横断的に幅広い国際人権課題を知りたいとき。「ビジネスと人権に関する行動計画」の各国の策定状況を知りたいとき。
世界／中級以上	UN Free & Equal https://www.unfe.org	国連で2013年に始まったLGBT等に関するキャンペーンから始まったサイト。啓発活動や行動例を知りたいとき。
世界／初心者から	アムネスティインターナショナル https://www.amnesty.org/en/	国際人権NGOの1つ。世界各地で発生している人権問題について幅広く知りたいとき。
世界／中級以上	ビジネスと人権リソースセンター（日本語） https://www.business-humanrights. org/ja/	国際人権NGOの1つ。世界各地で1万社以上を常時調査している。ビジネスと人権に関する事案について知りたいとき。
日本／初心者から	外務省「ビジネスと人権」ポータルサイト https://www.mofa.go.jp/mofaj/ gaiko/bhr/index.html	「ビジネスと人権に関する行動計画」を含む国内の状況を概観したいとき。

| 日本／初心者から | 日本貿易振興機構（JETRO）アジア経済研究所 https://www.ide.go.jp/Japanese/New/Special/BHR.html | 特に新興国・途上国，サプライチェーン上の人権に関する動向を知りたいとき。 |

●労働

	団　体	使 い 方
世界／上級者向け	ILO（国際労働機関）駐日事務所 https://www.ilo.org/tokyo/about-ilo/lang--ja/index.htm	国際連合の専門機関。1919年の国際連盟時代に創設された。労使代表と政府の三者に発言権がある。ディーセントワークに関する世界の状況を知りたいとき。駐日事務所もあり日本語の情報が豊富。
世界／中級以上	UNウィメン日本事務所 https://japan.unwomen.org/ja	「女性のエンパワーメント原則」賛同企業を知りたいとき。
世界／初心者向け	世界経済フォーラム　ジェンダーギャップレポート（以下は2022年版）https://www.weforum.org/reports/global-gender-gap-report-2022/	国別のジェンダーギャップに関するランキングが毎年，報告書になる。日本の立ち位置や他国の概況を知りたいとき。
日本／初心者から	厚生労働省「女性の活躍推進企業データベース」https://positive-ryouritsu.mhlw.go.jp/positivedb/	企業の女性活躍推進計画を閲覧したいとき。
日本／初心者から	厚生労働省「働き方・休み方改善ポータルサイト」https://work-holiday.mhlw.go.jp	企業の取り組み事例を収集したいとき。
日本／初心者から	厚生労働省「障害者雇用対策」https://www.mhlw.go.jp/stf/seisakunitsuite/bunya/koyou_roudou/koyou/shougaishakoyou/index.html	障害者雇用率等について調べたいとき。
日本／初心者から	厚生労働省「外国人技能実習制度について」https://www.mhlw.go.jp/stf/seisakunitsuite/bunya/koyou_roudou/jinzaikaihatsu/global_cooperation/index.html	外国人技能実習制度の全般について知りたいとき。

●SDGsとインパクト評価

	団 体	使 い 方
国連／中級以上	国連　経済社会局のSDGsサイト https://sdgs.un.org/goals https://sdgs.un.org/2030agenda	SDGsを含む「2030アジェンダ」原文や策定プロセスを読みたいとき。国連にはSDGs関連サイトが複数ある。
世界／中級以上	国連　経済社会局の統計部による進捗報告書（下記は2022年版） https://unstats.un.org/sdgs/report/2022/ 同部によるインディケーターデータベース https://unstats.un.org/sdgs/dataportal	SDGsの指標（公式のインディケーター）をもとにした年次報告書（※）。インディケーターの改廃に関する事務局でもある。
世界／初心者から	SDSN（持続可能な開発ネットワーク）による報告書 Sustainable Development Report https://www.sdgindex.org	SDGsの達成状況に関する年次報告書（※）。国別，ゴール別のスコアが知りたいとき。Dashboardsはゴール別や指標別（SDSNが収集している指標）での到達状況が世界地図上で示されるため，概況をつかみやすい。
世界／中級以上	国連開発計画（UNDP）　SDGインパクト https://sdgimpact.undp.org	UNDPがSDGsの取り組み評価基準を策定し，SDGsに貢献する事業として認証する国連主導のプロジェクト。評価のフレームワークを知りたいとき。
世界／上級者向け	IRIS+（Impact Reporting and Investment Standards) https://iris.thegiin.org	GIIN（☞インパクト投資参照）が運営するインパクト評価指標や評価手法に関する基準。400以上の指標がある。
日本／初心者から	外務省　SDGsアクションプラットフォーム https://www.mofa.go.jp/mofaj/gaiko/oda/sdgs 外務省「2030アジェンダの履行に関する自発的国家レビュー2021」 https://www.mofa.go.jp/mofaj/gaiko/oda/sdgs/vnr/	プラットフォームは，企業や団体，自治体などの表彰事例を知りたいとき。また，自発的国家レビューは，日本政府がSDGs達成状況をどのような指標で説明しているかを知りたいときに。
日本／初心者から	総務省「持続可能な開発目標」 https://www.soumu.go.jp/toukei_toukatsu/index/kokusai/02toukatsu01_04000212.html	SDGsのゴール，ターゲット，インディケーターを英語・日本語セットでダウンロードしたいとき。なお，国連統計部の更新が反映されるまでには一定の時間がかかる。

日本／中級以上	内閣府「社会的インパクト評価について」https://www5.cao.go.jp/kyumin_yokin/impact/impact_index.html	内閣府における過去の調査報告書をまとめて閲覧できる。定義や先行事例を調べたいとき。
日本／中級以上	国際協力機構（JICA）「インパクト評価」https://www.jica.go.jp/activities/evaluation/impact.html	JICAプロジェクトによるインパクトを評価する。評価の考え方や途上国での事例を知りたいとき。
日本／中級以上	一般財団法人社会的インパクト・マネジメント・イニシアティブ（SIMI）https://simi.or.jp	国内のインパクト投資／評価関連団体が共同で設立。普及啓発に取り組む。さまざまな概念についてヒントを得たいとき。

（※）同じようなものが2つある。前者（統計部）のものがより公式な国連の組織によるもので，後者（SDSN）は国連のための民間組織で，米国とフランスに非営利組織として登録している。SDGsインデックス（指標）についてはドイツのベルテルスマン財団が支援している。

●企業経営

	団　体	使い方
世界／初心者から	国連グローバル・コンパクト https://www.unglobalcompact.org	SDGs達成に向けた企業行動指針「SDGコンパス」を策定。さまざまな行動事例を知りたいとき。
世界／初心者から	世界経済フォーラム https://www.weforum.org	ダボス会議のアジェンダや，経営者や政治リーダーらの関心事を示す「グローバルリスクレポート」でのランキングを知りたいとき。このほかの分野別の報告書の種類や数も多い。
世界／初心者から	持続可能な開発のための世界経済人会議 https://www.wbcsd.org	下部組織「ビジネスと持続可能な開発委員会」が現在の経済モデルの問題点を指摘し，SDGsに貢献する市場規模を試算したことなどで知られる。世界の経営者団体による，持続可能性に対する姿勢を知りたいとき。
日本／初心者から	日本経済団体連合会 https://www.keidanren.or.jp SDGs特設サイト https://www.keidanrensdgs.com/home	会員向け「企業行動憲章」や，日本の主要企業における事例など，国内の産業界による提言を知りたいとき。

■データ集

国連	国連 経済社会局の統計部による進捗報告書（下記は2022年版） https://unstats.un.org/sdgs/report/2022/ 同部によるインディケーターデータベース https://unstats.un.org/sdgs/dataportal	SDGsの指標（公式のインディケーター）を基にした年次報告書。インディケーターの改廃に関する事務局でもある。
国連発	SDSN（持続可能な開発ネットワーク）による報告書 Sustainable Development Report https://www.sdgindex.org	SDGsの達成状況に関する年次報告書。国別，ゴール別のスコアが知りたいとき。
世界銀行	世界銀行データベース https://data.worldbank.org	開発に関するテーマ別に，全世界のデータを比較したいとき。
OECD	OECDデータベース https://data.oecd.org	経済・社会面のテーマを中心に，OECD加盟国のデータを比較したいとき。
外務省	外務省「2030アジェンダの履行に関する自発的国家レビュー2021」 https://www.mofa.go.jp/mofaj/gaiko/oda/sdgs/vnr/	日本政府がSDGs達成状況をどのような指標で説明しているかを知りたいとき。

② おススメ文献

■ワークショップの作り方

堀公俊，加藤彰［2008］『ワークショップ・デザイン』日本経済新聞出版

安斎勇樹，塩瀬隆之［2020］『問いのデザイン』学芸出版社

■ESG/SDGsの概論インプット

村上芽，渡辺珠子［2019］『SDGs入門』日本経済新聞出版

足達英一郎，村上芽，橋爪麻紀子［2016］『投資家と企業のためのESG読本』日経BP

坂野俊哉，磯貝友紀［2022］『2030年のSX戦略 課題解決と利益を両立させる次世代サステナビリティ経営の要諦』日経BP

田瀬和夫，SDGパートナーズ［2022］『SDGs思考 社会共創編 価値転換のその先へ プラスサム資本主義を目指す世界』インプレス

名和高司［2015］『CSV経営戦略―本業での高収益と，社会の課題を同時に解決する』東洋経済新報社

■経営の基本や考え方のインプット

三谷宏治［2019］『新しい経営学』ディスカヴァー・トゥエンティワン

佐宗邦威［2020］『世界のトップデザインスクールが教える デザイン思考の授業』日本経済新聞出版

榊巻亮［2015］『世界で一番やさしい会議の教科書』日経BP

平石直之［2021］『超ファシリテーション力』アスコム

ケリー・パターソン他［2018］『インフルエンサー ——行動変化を生み出す影響力』パンローリング

デイヴィッド・ピーター・ストロー他［2018］『社会変革のためのシステム思考実践ガイド』英治出版

■楽しいアクティビティのヒント

山﨑紅［2021］『SDGsワークブック』日経BP

前野隆司編著［2014］『システム×デザイン思考で世界を変える』日経BP

トム・ケリー＆ジョナサン・リットマン［2002］『発想する会社！』早川書房

山口高弘［2015］『アイデア・メーカー』東洋経済新報社

森時彦, ファシリテーターの道具研究会［2008］『ファシリテーターの道具箱』ダイヤモンド社

森時彦編著［2020］『図解 組織を変えるファシリテーターの道具箱』ダイヤモンド社

デイブ・グレイ他［2011］『ゲームストーミング』オライリー・ジャパン

情報デザインフォーラム編［2014］『情報デザインのワークショップ』丸善出版

ワークショップ探検部［2020］『今日から使えるワークショップのアイデア帳』翔泳社

鈴木克明監修［2016］『インストラクショナルデザインの道具箱101』北大路書房

■進行サイドのファシリテーションのコツ

中村文子, ボブ・パイク［2020］『研修ファシリテーションハンドブック』日本能率協会マネジメントセンター

堀公俊, 加留部貴行［2010］『教育研修ファシリテーター』日本経済新聞出版

片桐あい［2020］『オンラインコミュニケーション35の魔法』自由国民社

堀公俊, 加藤彰［2006］『ファシリテーション・グラフィック』日本経済新聞出版

有廣悠乃編著［2021］『描いて場をつくる グラフィック・レコーディング』学芸出版社

【執筆者紹介】

村上　芽（むらかみ　めぐむ）

株式会社日本総合研究所　創発戦略センター　シニアスペシャリスト。京都大学法学部卒業，日本興業銀行（現みずほ銀行）を経て2003年に日本総合研究所入社。SDGsと企業経営・人材育成，サステナブルファイナンス支援，子どもの参加論が専門。著書に『図解 SDGs入門』（2021），『少子化する世界』（2019），共著に『日経文庫　SDGs入門』（2019）（いずれも日本経済新聞出版），『サステナビリティ審査ハンドブック』（2022）（金融財政事情研究会）など。内閣府「少子化社会対策大綱の推進に関する検討会」検討員，金融庁「脱炭素等に向けた金融機関等の取組みに関する検討会」メンバー，東京都環境審議会臨時委員，大阪府SDGs有識者会議メンバーなどの活動実績がある。

加藤　彰（かとう　あきら）

株式会社日本総合研究所　リサーチ・コンサルティング部門　シニアマネジャー。NPO法人日本ファシリテーション協会フェロー。1989年京都大学大学院工学研究科原子核工学専攻修了。日本電装（現デンソー）にて半導体研究に従事。2000年に日本総合研究所に入社。民間企業向けコンサルティングに関わり，主なテーマは中期経営計画策定，ビジョン策定，統合報告書策定，部門方針・戦略策定，中堅人材育成／ジュニアボード。参加型の話し合いの場づくりを生きがいとしている。著書に『「60分」図解トレーニング ロジカル・ファシリテーション』（2014）（PHPビジネス新書），共著に『ファシリテーション・グラフィック』（2006），『ワークショップ・デザイン』（2008）（いずれも日本経済新聞出版）。

渡辺　珠子（わたなべ　たまこ）

株式会社日本総合研究所　創発戦略センター　シニアスペシャリスト。2002年名古屋大学大学院国際開発研究科博士課程前期修了。メーカー系シンクタンクにて中国をはじめとするアジア経済やODA関連調査などに従事。2008年に日本総合研究所入社。国内外の社会的企業やインパクト投資の動向調査，インパクト評価，スタートアップ支援，サステナビリティやSDGs関連の人材育成プログラム開発が専門。共著に『日経文庫 SDGs入門』（2019）（日本経済新聞出版），『行員のための地域金融×SDGs入門』（2020）（経済法令研究会）。

サステナビリティ人材育成の教科書

2022年12月20日　第1版第1刷発行

著　者	村　　上　　　　芽	
	加　　藤　　　　彰	
	渡　　辺　　珠　　子	
発 行 者	山　　本　　　　継	
発 行 所	㈱ 中 央 経 済 社	
発 売 元	㈱中央経済グループ パ ブ リ ッ シ ン グ	

〒101-0051　東京都千代田区神田神保町1-31-2
電話　03 (3293) 3371(編集代表)
　　　03 (3293) 3381(営業代表)
https://www.chuokeizai.co.jp
印刷／㈱堀内印刷所
製本／㈲井上製本所

© 2022
Printed in Japan